T0208198

Printed in the United States
By Bookmasters

اشكالية الحدود في الوطن العربي

اشكالية الحدود في الوطن العربي

⟨ دراسة في الصراعات السياسية والخلافات الحدودية العربية العربية ⟩

الدكتور

ناظم عبد الواحد الجاسور

رئيس قسم الدراسات الاوربية

مركز الدراسات الدولية

جامعة بغداد

الطبعة الأولى

1421 هـ - 2001 م

رقم الايداع لدى دائرة المكتبة الوطنية
(2001/1/27)

ر.أ : 2001/1/27

رقــم التصنيــف : 327،16

المؤلف ومن هو في حكمه : د. ناظم عبد الواحد الجاسور

عنــوان الكتاب : إشكالية الحدود في الوطن العربي: دراسة في الصراعات السياسية والخلافات الحدودية العربية

الموضـوع الرئيـسي   :   1- النزاعات السياسية
2- تخطيط الحدود

بيانــات النـشر   :   عمان : دار مجدلاوي للنشر والتوزيع

* - تم اعداد بيانات الفهرسة الأولية من قبل دائرة المكتبة الوطنية

مجدلاوي

عمان - الرمز البريدي: 11118 - الأردن
ص.ب: 184257 - تلفاكس: 4611606
(ردمك) ISBN 9957 - 02 - 058 - 7

﴿ان هذه الأمة لم تختلف في ربها ولا في نبيها ولا في كتابها و أنما اختلفت في الدينار و الدرهم﴾

عمر بن عبد العزيز

المحتويات

المقدمة

لم تبرز اشكالية الحدود في الوطن العربي الى سطح الاحداث السياسية،ومتغيراتها الاقليمية والدولية الا عندما اخذت الوحدات السياسية العربية: الولايات, او المستعمرات والمحميات تنال استقلالها الوطني،نتيجة اتفاقيات مبرمة او عن طريق الثورات الوطنية والقومية والكفاح المسلح, وانشغلت هذه الدول الفتية في بناء مؤسساتها السياسية والدستورية، لتنطلق في مرحلة جديدة لتاكيد سيادتها الوطنية والاقليمية.

فالوطن العربي بمساحته الجغرافية المحددة من المحيط الأطلسي وحتى الخليج العربي كان خاضعا بشكل مباشر او غير مباشر لسيطرة قوة خارجية اتخذت أشكالا شتى،ولاسيما بعد سقوط بغداد وغياب العنصر العربي من قيادة الأمة الاسلاميه. وخلال تلك الحقب, والعقود التي رزح فيها الوطن العربي لمشيئة هذه القوه الخارجية, فقد تقطعت اوصاله وتجزأت أقاليمه واستقلت ولاياته ومدنه تبعا لطبيعة الصراع الدائر والتنافس الذى ساد علاقات القوه الخارجيه الطامعه بهذه الارض الخصبه والمتميزه بموقعها الاستراتيجى الذى لا يمكن تجاهله.

ومن هنا فان عملية التقطيع والتجزئه لم تتوقف طالما ان هناك قوى خارجيه تتحكم بقواعد اللعبه الدوليه, وتزايد الاطماع الاستعماريه ومخططاتها الاستراتيجيه, فارضه هيمنتها وبالقوه العسكريه,على كل هذه الاوطان بتشكيلاتها الاجتماعيه والسياسيه ونظمها السياسية التي تشكلت في ظروف غير طبيعيه لم يكن همها غير امنها والحفاظ على انظمة سلطويه غيبت المسار الديمقراطي عن ممارستها ومنهجها.

فهذه الاوضاع التي عاشتها الامه العربيه ومنذ مطلع القرن العشرين لم تكن اقل شراسه وتفتيتاً لما جرى في القرون والعقود الماضيه, لابل امضى منها حيث ان تجزئة الامه وتكريس انقساماتها اضحت من الاولويات الاستراتيجيه للقوى

الاستعماريه ابتداء من اتفاقيات سايكس - بيكو ووعـد بلفور,الى انكار الحقـوق المشروعه للامه في بناء دولتها العربيه كما تم الاتفاق عليـه في مراسلات حسـين- مكماهـون .وانتهاءا بترسيم حدود لهذه الدويلات الوليده على وفق صيغ اعـدت سلفا بين الـدول الاستعماريه نفسها لتحديد ممتلكاتها واجهاض ايه محاولة قوميه تعيد للامه مجدها ووحدتها . اذ لم تكن الحرب العالميه الاولى ان تضع اوزارها حتى وضعت الامه العربيه على طاولة الدول المنتصره لتقطع حسب مصالحها وبالشكل الذى يضمن لها استمرار هيمنتها والتحكم بثروتها ,وتغتصب فلسطين لينشا عليها كيانا سياسيا وعسكريا هدفه حماية التجزئه وتكريسها وتفرض اتفاقيات الحمايـه على الامارات والمشايخ وتخطط حدودها وفقا لاهميتها الاستراتيجيه وثرواتها النفطيه. ويتم توسيع هـذه "المحميه" علـى حساب "المحميه" الاخرى ,وتقوية هذه الاماره او تعزيز نفوذ هذا الشيخ على حساب الاماره الاخرى ,وضد الشيخ الذى ابدى قليلا من التململ من تدخلات المقيم السياسي البريطاني وهكذا جزأة الارض الواحده الى دول ودويلات على حساب دول اخرى دول قائمه , حتى ان مسالة استقرار وتثبيت الحدود بين الوحدات السياسيه العربيه ولاسيما بعد الاستقلال,اضحت امرا مستحيلا ومدخلا جديدا لظاهرة عـدم الاستقرار السياسي والاجتماعي , ونفقا لاندلاع صراعات سياسيه حاده افضت وكشي- طبيعي وضمن مسار الاحداث , وتشابكها ,الى حروب طاحنه اهدرت الطاقات وبـددت المـوارد, حيـث ان المستفيد الاول والاخير من كل ذلك هي القوة الاجنبيه التي خرجت من الباب , لتعود مره اخرى مـن النافذه وبهيمنه اقوى من السابقه, مستغله حالة الضعف والتطاحن لتؤكد حضورها العسكري والامني وبالشكل الذى حقق كل مفردات خططها الاستراتيجيه, ولاسيما التحكم بمصادر الطاقه انتاجا وتسويقا وسعرا , لابل اكثر من ذلك هيمنتها على سلطه القرار السياسي العربي , واضعاف وتهميش مركزيـة وقدرة نظامها الاقليمي المتجسد في جامعه الدول العربيه , ناهيك عن فشل كـل خطط التنميه التي غاب عنها النهج الديمقراطي , وجعـل الـدول العربيـه تـدور في فلك التبعيـه الاقتصاديه والسياسيه والثقافيه للقوى الاجنبيه .

واذا كانت اشكالية الحدود في المغرب العربي وبين مصر ـ والسودان لم تكن بذلك التقيد والحده نتيجة لبعض الاسباب والعوامل الداخليه والخارجيه التي طرحت نفسها عند تكوين هذه الدول , فان منطقة الخليج العربي تعد من اكثر المناطق حساسيه وخطوره والتي شهدت تكالبا وتنافسا استعماريا وذلك لموقعها الاستراتيجي وثرواتها الحيويه التي شكلت عصب الحياة الاقتصاديه الدوليه وسوقا مفتوحا وشره لتجارة الاسلحه من خلال تدوير البترو دولار ,ناهيك عن طبيعة تكويناتها الاجتماعيه السياسيه الدينيه والاقتصاديه, شكلت عناصر جذب وانحراء لهذا التنافس الدولي, الذي اتخذ في العقود الاخيره تنافسا حادا الامر الذي حتم خروج قوى وامبراطوريات وتراجعها الى الخلف ,لتخلي حلبة الصراع لقوى اخرى جديده فرضت هيمنتها وجبروتها على سلطة القرار الدولي ,بكل ما تملكه من امكانيات عسكريه وماديه وتكنولوجيه, منطلقه من نظريات امن قوميه ذات طابع كوني شامل.

ونتيجة لذلك فقد ورثت,المنطقه, وكنتيجه حتميه لهذا التنافس الاستعماري - الامبريالي في سياسته والرأسمالي في توجيهه الاقتصادي ,مشاكل عديده ومن بينها الصراعات السياسيه والخلافات الحدوديه , وهشاشة النظم القبليه . هذه الخلافات التي ما فتئت تفعل فعلها المباشر في مسيرة العلاقات الثنائيه والجماعيه بين دول المنطقه، وفي اطار النظام الاقليمي العربي .وبينها وبين القوى الخارجيه عن الاقليم , واضحت في جانب اخر ايضا ادوات للتدخل في الشؤون الداخليه لدول المنطقه ، ومجالا واسعا لفرض سياسات وخيارات استراتيجيه خارجه عن ارادتها الوطنيه وافضت الى تبعيه هذه النظم السياسيه وخصوصا في المجال الامني والعسكري لمشيئة القوه العظمى , ان ماكان راسيا في القاع وما كشفت عنه احداث عقد التسعينات من خلافات حدوديه حاده لم تبرز فقط حالة اللاتوازن في علاقات دول المنطقه فيما بينها ، والخلل الاستراتيجي الكبير وانما طفحت الى سطح الحداث تلك التراكمات من المشاكل الموروثه والمطموره والتي سرعان ما نبشت باصبع واحد حتى تفجرت محدثه دويا هائلا لم يهز المنطقه وحدها , ويعكر صفو استقرارها السياسي

والاجتماعي , وانما امتدت تاثيراته وتداعيات خلافاته الى كل المستويات الاقليميه والدوليه , وظهرت الملفات القديمه مـن ادراجها لاعـادة دراسـتها , وصـياغتها وترتيبهـا بالشـكل الـذى يتناسـب والمتغيرات الدوليه الجديده.

وفي الواقع ان هدف هـذه الدراسـة ينصب في تنـاول هـذه الاشـكالية المعقـدة والمتداخلـه تداعياتها الخارجيه والداخليه , في الوقت الذي تجمع فيه أو تربط بين المـوروث التاريخي بكل ثقلـه , والواقع الراهن بكل تجلياته وأحداثه , ناظره للمستقبل لعلهـا تـرسي عـلى وفـق منهجهـا في التحليـل التاريخي - السياسي , وتحليل المضمون السياسي للخطاب السياسي العربي بعض الآليـات التـي مـن شأنها فض النزاعات , وحل المشاكل وفق صيغ وطرق تجنـب الامـه مزيـداً مـن التشرذم والتنـاحر , وتحفظ للشعوب كرامتها وتجعل من أرض هذه الامه أرضاً معطاء لأبنائها واجيالها القادمه , لا سـاحة حرب ومعسكراً للجيوش والنهب الخارجي . وإن هـذه الدراسـه سـوف تحـدد نفسـها فقـط بتنـاول خلافات الحدود العربيه - العربية بدون تناول الخلافات الحدودية الاخرى التي تتنازع فيها بعـض الدول العربية مع دول الجوار الجغرافي .

د. ناظم عبد الواحد الجاسور

رئيس قسم الدراسات الاوروبية

مركز الدراسات الدولية

جامعة بغداد

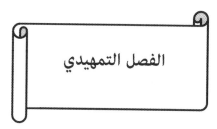

الفصل التمهيدي

الحدود الدولية في فقه القانون الدولي

المبحث الأول : جيوبوليتكس الحدود البريه والبحريه .

المبحث الثاني : طرق تسوية الخلافات الحدوديه .

الفصل التمهيدي

منذ أن برزت الى الوجود الدولة القومية ككيان سياسي وقانوني وفاعل رئيس في محيط العلاقات الدولية ، حتى حظى موضوع الحدود بإهتمام كبير وأضحى من المواضيع التي شغلت فقهاء القانون الدولي ، قبل أن تشكل من الشواغل الأساسية لهذه الدول القومية من أجل تأكيد سيادتها الوطنية والإقليمية ، وأن الحفاظ على هذه الحدود كلف العديد من الدول الكثير من الموارد والطاقات البشرية التي هدرت على مر التاريخ ، وشكلت من بين أولويات أمنها القومي وبأي صيغة ظهرت . وقبل الدخول في تسليط الضوء على مشكلات الحدود في منطقة الخليج والجزيرة العربية ، فإنه لابد من تأصيل نظري عن مفهوم الحدود ولا سيما البرية والبحرية وطرق تسوية هذه المشكلات التي ما زالت ترمي بظلالها على الكثير من العلاقات بين دول المنطقة ، لا بل إنها شكلت من الأدوات والمنافذ التي أحسنت القوى الخارجية توظيفها لخدمة خياراتها الاستراتيجية . وعلى ضوء ذلك فان هذا الفصل سيقسم الى مبحثين :

إذ سيعالج المبحث الأول موضوع جيوبرلتيكس الحدود البرية والبحرية ، وحسب ما طرحه فقهاء القانون الدولي .

أما المبحث الثاني فأنه سيتناول بالتحليل طرق تسوية هذه الخلافات في إطارها القانوني والتاريخي ، ولاسيما في منطقة استندت في نزاعاتها على هذه المرجعية في حل مشاكلها ،حيث انه ومنذ استقلال هذه (المحميات) من السيطرة الاستعمارية فقد غلب منطق (الدولة) في هذه المنطقة التي فصلت فيها الحدود الموروثة عن الاستعمار بين قبائل مرتبطة بأواصر القربى ،ومنتمي الى عرق واحد ،ودين واحد ،وفي أطار نظام اقليمي يفترض به اشد تماسكاً من باقي الانظمة الاقليمية الاخرى .

المبحث الأول
جيوبو لتيكس الحدود البرية والبحرية

يؤكد الأستاذ الدكتور علي صادق أبو هيف بأنه لإقليم كل دولة حدود تفصله عن أقاليم الدول الأخرى المحيطة به ، وتعيين هذه الحدود من الأهمية بمكان ، إذ عندها تبدأ سيادة الدولة صاحبة الإقليم وتنتهي سيادة غيرها ، و ورائها تنتهي سيادتها وتبدأ سيادة غيرها[1] وعلى ضوء هذا التعريف فان الحدود يمكن أن تكون حدوداً طبيعية وقد تكون اصطناعية .

أولاً :التصنيف الطبيعي للحدود :

وهي تلك الحدود التي توجدها الطبيعة ذاتها ، كسلسلة جبال أو نهر أو بحيرة أو بحر ، وهذا الفاصل الطبيعي بين إقليمي دولتين من شأنه أن يقدم مزايا عديدة لحسم أي خلاف بين هذه الوحدات السياسية . إذ فيه حسم لما ينشأ عادة من منازعات بشأن تعيين الحدود ، ومن جهة أخرى يسمح بمهمة الدفاع عن الإقليم ضد أي اعتداء خارجي[2] ومن الأمثلة التي طرحتها الجغرافية لتعيين الحدود الطبيعية :

- الأنهار : كنهر سانت لورنس بين أمريكا وكندا ، ونهر الراين بين النمسا وسويسرا.

- البحيرات : كبحيرة تشاد التي تفصل بين تشاد ونيجيريا والنيجر .

- الجبال ، كجبال الألب التي تفصل بين سويسرا وايطاليا ، وجبال الأنديز بين الأرجنتين وشيلي ، وكذلك جبال البرانس الفاصلة بين فرنسا وأسبانيا ، حيث اعتبر الخط الممتد بين أعلى قمم هذه الجبال الحد بين الإقليمين[3] .

وفي الواقع ، فان الحدود الفاصلة بين الدول تتماشى مع الظواهر الطبيعية لسطح الأرض ، وعليه فإن الحد السياسي يكتسب من الظواهر الطبيعية التي يستند

---

(1) علي صادق أبو هيف : القانون الدولي العام ، دار المعارف بالإسكندرية ط8 1966، ص365.

(2) المصدر نفسه ص 365 .

(3) ينظر اروى هاشم عبد الحسين ، مشكلات الحدود العربية-العربية في منطقة الخليج العربي ،رسالة ماجستير غير منشورة،جامعة بغداد /كلية العلوم السياسية ،1996.

إليها منعة وقدرة على أداء وظيفته . وبناء عليه فان الأستاذ صلاح الدين الشامي يؤكد بأن القيمة الفعلية لكل ظاهرة طبيعية في مساندة الحد السياسي تعتمد على أمرين :

1- أن هذه الظواهر الطبيعية قد تتضمن ضمن خصائصها أسباب الضعف التي تعجز بها عن تأكيد الفصل بين الوحدات السياسية ، وهذا معناه أن ما يكسب الحد منعة ويؤكد دوره في الفصل يمكن ان يكون سبيلاً للترابط .

2- التغيرات الحاصلة في المستويات الحضارية للمجتمعات الدولية وزيادة حجم العلاقات بين الوحدات السياسية وتطور المواصلات والزيادة السكانية المستمرة في حجم السكان في العالم [4] .

وإذا كانت الحدود الطبيعية تبدو شبه مستقرة في تحديد الحدود والإقرار بها، إلا ان الحالة تبدو مختلفة بعض الشئ فيما يتعلق بالحد النهري بأنه ليس حداً ثابتاً وهو قابل للتغير بتغير إتجاه تيار النهر ورواسبه . أما إذا حدث وغير النهر مجراه كلية وأندفع الى مجرى جديد يقع برمته في إقليم أحدى الدوليتين أصبح ملكاً لهذه الدولة وحدها ويبقى الحد الفاصل بينهما ما كان قد سبق أن حدده التيار في المجرى القديم ويلاحظ انه ليس هناك ما يمنع الدول من الإتفاق على ما يخالف القواعد المتقدمة وتحديد الحد الفاصل بينهما على أساس آخر .

من ذلك إتفاق فرنسا وأسبانيا في معاهدة البرانس 1659 على ان تحتفظ أسبانيا بوادي أران الذي ينبع فيه نهر الجاوون ، مع ان النهر يجري بأكمله في إقليم فرنسا [5] .

وعلى اساس هذا التصنيف الذي اعتمد الظواهر الطبيعية فقد برزت المدرسة او النظرية الطبيعية التي ارتكزت الى ان مفهوم الحدود يجب ان تتفق مع القوانين الطبيعة او الظواهر الطبيعية . فلكي تتطور الدولة يجب ان تاخذ وضعها وحيزها الطبيعي . وعلى هذا المفهوم تطالب الكثير من الدول بتعديل حدودها

---

(4) صلاح الدين علي الشامي : دراسات في الجغرافية السياسية ، منشأة المعارف الإسكندرية ، 1970 ص 42 ، وقارن محمد السيد غلاب : الجغرافية السياسية مكتبة الانجلو المصرية ، القاهرة ، 1972 ، ص 100 .

(5) علي صادق أبو هيف ، مصدر سبق ذكره ، ص 366 .

واسترجاع المقاطعة التي اقتطعت منها نتيجة لظروف خارجية ،خارجـة عـن ارادتها الوطنية . وهذه النظرية وجدت لها أرضاً خصبة في طرف ، الامـر الـذي ادى ان تنمو في المانيا مدرسة جديدة في تحديد مفهـوم الحـدود وهـي المدرسـة القوميـة حيـث تؤكد بانه يجب ان تكون الخصائص الحضارية واللغوية حدوداً للدولة [6]

ثانياً : الحدود الصناعية :

وهي الحدود التي تلجأ الدول الى تحديدها أو رسمها وذلـك لعـدم وجـود حـد طبيعي يفصل بين دولها ، أو رغبة في تعديل هذا الحد .

ويمكن تثبيتها بوضع اليد على المناطق غير المتنازع عليها ، أو بالفصل عليها ضمن معاهدة أو إتفاق خاص ، وتبين الحدود الصناعية بعلامـات خارجيـة ظاهـرة كأعمـدة أو أحجار مرقومة أو أبراج صغيرة وما شابه ذلك . وقد تكون الحدود الصناعية حسابية بحته أي تعين بخط وهمي كخط الطـول أو خـط العـرض. وكانـت هـذه الطريقـة تتبـع بالنسبة للأرض التي لم تكن قد تم اكتشافها . وقد لجأت اليها فرنسـا وإنجلـترا في اتفـاق أبرمتاه سنة 1890 لتحديد منطقة نفوذ كل منهما في حوض النيجر وبحيرة تشاد وأتبعت كذلك 1908 لتعيين الحد الفاصل بين الكونغو والكاميرون [7] .

والحدود الإصطناعية تفرض أو يـتم اللجـوء الى رسـمها عـلى الخارطـة عنـدما لا توجد ظـواهر طبيعيـة متميـزة تعـين المكـان الـذي تنتهـي عنـده سيادة الدولة أو، لأن المناطق المراد تقسيمها ذات قيمة استراتيجية أو إقتصادية تجعل الـدول المتواجـدة عـلى جانبيها تتنافس من أجل الحصول عليها .

وهذه الحدود الإصطناعية إما ان تكون فلكية التي تتبع خطـوط الطـول والعـرض كما أسلفنا ، ومن الأمثلة على ذلك الحدود المصرية - الليبية [8] وإما ان تكون

(6) صباح محمود ، جيولتيكا الحدود الدولية /كلية التربية المستنصرية بغداد 2000 ص 22

(7) علي صادق ابو هيف ، مصدر سبق ذكره ، ص 367 .

(8) محمد فاتح عقيل ، مشكلات الحدود السياسية ، الجزء الأول ، مؤسسـة الثقافة الجامعيـة - الاسكندرية ، 1962 ، ص 157 .

حـدود هندسـية تقـوم عـلى أسـاس وضـع خطـوط هندسـية تصـل بـين نقطتـين معلومتـين ، وهـي إمـا أن تكـون خطـوط مستقيمة كما حصل في رسـم الحـدود بـين اليمن وسلطنة عمان او منحنية أو أقواس والأمثلة كثيرة بين الدول العربية أو الأفريقية [9] .

وقبل الدخول في تحديد الإطار النظري لمفهوم الحدود الدولية سواء كانت البريـة التي تم الإشارة اليها ، أو البحرية على وفق سيادة الميـاه الاقليمية ، فإنه لا بد من تسليط الضوء على مفهومي الإقليم السياسي والاقليم الجغرافي .

يؤكد الكثيرون من المختصين بالجغرافية السياسية * بأن الإقليم السياسي هو

---

(9) عبد المعطي أحمد عمران ، الحدود السياسية الدولية ، مجلة الدبلوماسي ، الرياض العدد الثامن ، 1987 ، ص 138 .

* * من خلال العلاقة ما بين الجغرافية السياسية وقوة الدولة بـرز اتجـاه جديد لـدى بعـض الجغرافيين السياسيـين الذين ركزوا اهتمامهم على هذه الناحية بالذات (قوة الدولة) والتزام فريق منهم حدود المصلحة القومية الذاتية ، فيما استخدم فريق آخر هذه العلاقة بشكل أوسع وأشمل . ومن هنا ظهر اتجاهان مختلفان في التطبيق الجغرافي السياسي همـا الجيوبوليتيكا Geopolitick، Geostrategy جيوستراتيجيه الأولى بمفهومها الضيق والثانية بمفهومها الواسع. وتعرف الجيوبوليتيكا بأنها العلـم الـذي يبحـث عـن العلاقـة بـين الأحـداث السياسية والأرض ، ومعنى هذا فهو يربط السياسة بالأرض . فهي تعتمد بذلك على الأسس الجغرافية وخاصـة الجغرافيـة السياسية . فالجيوبوليتيكا تمهد للعمل السياسي وتعطي الأسس اللازمة للحيـاة السياسية . إذ يجب أن تكون الجيوبوليتيكا الضمير الجغرافي للدولة . ومقابل ذلك برز اتجاه آخر معارض له هادفاً الى توسيع دائـرة الجغرافيـة السياسية بمـا يتفق مع المفهوم الأوسع والميدان الأرحب لعلم الجغرافية العام. وبالتالي ظهرت الحاجـة الى إصطلاح آخر يتفق مع الأهمية الكبرى للجغرافية بالنسبة للعلاقات القومية والدولية ككل . أي صلة الموقـع بالتجارة الخارجيـة او الأحلاف العسكرية أو أثر طبيعة الحدود في الإمتزاج الثقافي أو علاقة الطبوغرافيا بالتجارة الخارجيـة . ومن هنا برز مصطلح الجيواستراتيجية التي تعني التخطيط السياسي والاقتصادي والعسكري الذي يهتـم بالبيئة الطبيعيـة مـن ناحية استخدامها في تحليل أو تفهم المشكلات الاقتصادية او السياسية او السياسية ذات الصفة الدولية . أو تبحـث الجيواستراتيجية في المركز السـتراتيجي للدولة أو للوحـدة السياسية متناولـة بالتحليل عناصره او عوامله الجغرافية العشرة:

الموقـع ، الحجم ، الشكل ، الإتصال بـالبحر ، والحـدود ، والعلاقـة بـالمحيط ، والطبوغرافيا ، والمنـاخ ، والمـوارد ، والسكان .

عبارة عن وحدة إقليمية مصطنعة فهو نتيجة للمجهودات التي يبـذلها السـكان لخلق وحدة سياسية قد تختلف إختلافاً كلياً عن الإقليم الجغرافي ويمكن ان تحدد أوجـه الإختلاف بين الإقليم السياسي أو الدولة والإقليم الجغرافي " أو البيئة الطبيعية " فيما يـلي :

أ-   الإقليم الجغرافي عبارة عن وحدة طبيعية بشرية تشمل مسـاحة كـبيرة مـن سـطح الأرض كالإقليم الإستوائي وإقليم البحر المتوسـط والإقليم الموسـمي أمـا الإقليم السياسي فهو منطقة مصطنعة محدودة المساحة .

ب-   الإقليم الجغرافي غير محدد تحديداً قاطعاً ، بينما الإقليم السياسي محدد بحـدود واضحة المعالم .

جـ-   الإقليم الجغرافي ثابت ودائـم بثبـات العوامـل الطبيعيـة ، أمـا الدولـة أو الإقليم السياسي فعرضـة للتغييـر المسـتمر ، سـواء في المسـاحة او الحـدود او الظـروف الداخلية او العلاقات الخارجية .. الخ نتيجة كونها ذات أساس بشري وأن الإنسـان نفسه هو عامل متغيّر .

د-   يتميز الإقليم السياسي بتوفر البيانات الإحصائية التي تجمع على أسـاس الدولـة أو الوحدة السياسية بينما الإقليم الجغرافي يفتقر الى مثل هذه البيانات لعـدم وجـود جهاز معين مسؤول لجمع المعلومات المماثلة الخاصة بالإقليم الجغرافي .

هـ-   الإقليم الجغرافي قديم قدم الطبيعة ، والإنسان ، في حين أن الإقليم السياسي ظاهرة حديثة نسبياً بعد نشأة الجماعات السياسية [10] .

مفهوم الحدود الدوليـة :

وعلى ضوء ذلك ، فإنه لا بد من تحديد مفهوم الحدود الدولية على وفق

---

(10) صباح محمود ، نافع القصاب ، جليل عبد الواحد ، مصدر سبق ذكره ، ص 6 وقارن أمين محمـود عبـد اللـه ، في أصول الجغرافية السياسية ، القاهرة ، 1977 ، ص605.

المعايير التي طرحت من قبل مختلف مدارس الفقه القانوني ، أو المختصين في الجغرافية السياسية . واذا كانت الحدود في معاجم اللغة العربية تعرف بأنها الحد الحاجز بين شيئين ، ومنتهى الشئ ، أو الفصل بين شيئين لئلا يختلط أحدهما بالآخر ولئلا يتعدى أحدهما على الآخر [11] ، فان الحدود في نظر فقهاء القانون لها تعريفات عديدة تعكس في نفس الوقت ليس فقط المدارس التي ينتمون اليها ، وانما فلسفة قوة الدول التي يحملون جنسيتها ، والأفكار والمفاهيم التي سادت في فترات زمنية معينة . فهناك من استند على المعيار السكاني في تحديده للحدود على أساس تواجد السكان وتوفير الإحتياجات اللازمة لهم . وقد ذهب الأستاذ (لايد Lyde) في كتابة نماذج الحدود السياسية في أوربا بهذا الاتجاه عندما عرف الحدود بأنها تبدو كأنها أبعد حد للمنطقة التي يعيش فيها الناس والتي يمكنهم أن يحصلوا منها على إحتياجاتهم الضرورية من الطعام [12] .

كما ان هناك تحديد آخر يستند على معيار السيادة لتحديد مفهوم الحدود وخصوصاً ما طرحه الأستاذ (بوجز Boggs) الذي ركز في تعريفه على مفهوم السيادة بكل ما تحمله من معنى في الفقه القانوني .

حيث أكد بأن ((حد الدولة هو ذلك الخط الذي يميز حدود الإقليم الذي تمارس عليه الدولة حقوق السيادة)) [13] كما انه من الضروري ايراد بعض التعاريف لعدد من المختصين لنبين مدى الإختلاف والتباين في التعاريف المطروحة .

---

(11) لويس معلوف : المنجد في قاموس اللغة والأداب والعلوم ، ط 5 1972 ، ص 155 .

(12) Lyde L.W.: Types of Political Prontiers in Europe the Royal Geographical Society , London , vol , XIV , 1915 , p.125 .

ويقارن جابر ابراهيم الراوي ، مشكلات الحدود العراقية - الايرانية ، دائرة الشؤون الثقافية بغداد 1989 ، ص 13 .

(13) Boggs , S,W, : International Boundaries , A.M.S. press , New York , 1966 , p.5 .

ورد في صباح محمود ونافع القصاب ، مصدر سبق ذكره ، ص 165 ، وقارن محمد أزهر السماك الجغرافية السياسية الحديثة، دار الكتب للطباعة ، الموصل / 1993 ، ص 95 .

إذ يؤكد إندراس Andrassy في تعريفه للحدود على تأكيد وجهة النظر القانونيـة بقوله ((هي تحديد الإختصاص المطلق للدولة ، وتحديد إقليمها)) [14] أمـا الأسـتاذ أدمـي Adami فقد عرف الحدود في كتابة الحد القومي فيما يتعلق بالقانون الدولي بأنه ((حـد الدولة هو الخط الذي يعين حدود المنطقة التي تستطيع الدولة ان تمارس حق سيادتها عليها)) [15] .

أما الأستاذ برسكوت Prescott فانه ذهب في كتابة جغرافية الحدود والتخوم الى القول بأن ((الحدود تعين حد الإقليم الذي تشغله الدولة وتبسط عليه سلطتها بصفة قانونية)) [16] .

وبناء عليه ، فان هذه التعريفات وغيرها تكشف ليس فقط عـن ذلـك الإخـتلاف ما بين وجهات النظر لذى المختصين الذين نظروا الى هذه المظاهر برؤيا مختلفة وحسب فلسفة كل واحد منهم ، وإنما إنعكاس للأفكار والحياة الاقتصادية التي كانت سـائدة في العصور القديمة والوسطى ، حيث لم يعد هناك مكان لفكرة السـيادة . إضافة الى عـدم نضج العلاقات والروابط بين الدول لأنها ما تزال في طور تكوينها الأولى ، مـما يؤكـد بـأن الحدود بين تلك الدول كانت عبارة عن مناطق حدود وليست خطاً للحدود .

ومما لا شك فيه ، ان هناك الكثير من الكتّاب ، وكمـا أسـلفنا ، إسـتخدموا تعـابير مختلفة للدلالة عن مفهوم الحدود الدولية ، فأحياناً يعبرون عنها بـالتخوم مـثلما أكد عليها برسكوت وأسماها ((التخوم الاستيطانية)) وقد يكون لها مفهوم استراتيجي حيث تمثل منطقة دفاعية لحماية الدولة من الإعتداءات أيام الامبراطوريات [17] واحيانـاً أخرى سميت بالحدود التي كانت تعني نهاية إقليم دولة

---

(14) المصدر نفسه ، ص 165 .

(15) المصدر نفسه .

[16] Prescott . J.R.V. : Geography of Frontiers and Boundaries , London 1967 , p.34 .

(17) صباح محمود ونافع القصاب ، مصدر سبق ذكره ، ص 167-168 .

وبداية إقليم دولة أخرى بدون وجود تحديد مضبوط يبين أين تنتهي سيادة دولة أخرى [18] .

وقد عزا الأستاذ محمد عبد الغني سعودي سبب هـذا الإلتبـاس في تحديـد الحـد الفاصل بين التخوم والحدود الى عدم وضوح حدود كثير من الدول باستثناء حالات قليلـة لنقص في معرفتها الجغرافية ، ولعدم وجود خرائط تفصيلية لها وذلك حتى فترة قريبـة ، وتطور الدول الى ما هي عليه الآن [19] .

واذا كان من اليسير تحديد الحدود البرية عـلى وفـق مـا طـرح أعـلاه مـن حـدود طبيعية أو اصطناعية ، ومن خلال التعريفات التي تـم التطـرق اليهـا فلابـد مـن توضيـح كيفية تحديد الحدود البحرية التي ما زالت حتى الوقت الحاضر بين أخذ ورد ، وكثيراً مـا تثار المنازعات حولها ، ولم يتم التوصل الى تسوية العديد من المشاكل المثارة بصددها.

Roger , E.Kasperson , Julian V . Uinghi , The Structure of Political Geography , Aidine Publishing Company , (18)

Chicago , 1971 , p. 127

(19) محمد عبد الغني سعودي ، الجغرافيا والمشكلات الدولية ، دار النهضة ، بيروت ، 1971 ، ص 108 .

الحدود البحرية والمياه الإقليمية :

يؤكد فقهاء القانون الدولي بأن البحر الإقليمي هو ذلك الجزء الذي يجاور إقليم كل دولة وتمتد إليه بالتالي سيادتها . وخضوع المياه المجاورة لإقليم الدولة لسيادتها فكرة قديمة ظهرت في القرون الوسطى واستقرت في القرن السادس عشر وسندها ان لكل دولة بحرية تجاه سواحلها مصالح حيوية يجب ان تتولى حمايتها ضد الأخطار التي تتعرض لها من جهة البحر . فالسواحل حدود للدولة في طريق كل الدول [20] وعلى ضوء ذلك ظهرت النظريات العديدة التي تؤكد على أهمية السواحل البحرية للدولة ، ومن بينها نظرية الجيوبوليتكس ماهان الذي لاحظ أهمية تطور الموقع البحري للدولة وأكد على أن أهم عامل جغرافي حيوي في قوة أمة من الأمم هو ليس العامل المتعلق بمساحة الدولة بل هو العامل المتصل بطبيعة سواحل وخواص مياهه الإقليمية من حيث صلاحيتها لبناء المرافئ [21] وبناءً عليه فان المياه الاقليمية هي المياه التي تجاور الساحل العائد لدولة ما وتعود ملكيتها للدولة المجاورة وكأنها جزء من أراضيها تستخدمها لأغراض متعددة منها الحماية والأمن والدفاع عن الدولة وممارسة الإشراف الجمركي وتنظيم عمليات صيد الأسماك وإستثمار الموارد المعدنية ولأغراض الحجر الصحي وغير ذلك . على ان استقرار فكرة البحر الإقليمي أو المياه الإقليمية لم يتبعه استقرار القواعد القانونية التي تتصل بها . ومرجع ذلك إختلاف وجهات النظر بشأن الكثير من القواعد والتطور المستمر في وسائل الهجوم والدفاع .

وقد كان هذان الإعتباران سبباً في فشل الجهود التي بذلت في لاهاي 1930 لعمل تقنين دولي خاص بالبحر الإقليمي أو المياه الإقليمية ، وما زال عقبة في سبيل وضع نظام ثابت لهذه المياه تتحدد فيه كل القواعد الخاصة به وتقبله الدول جميعاً .

---

(20) علي صادق أبو هيف ، مصدر سبق ذكره ، ص 421 .

(21) عبد الرزاق عباس ، الجغرافية السياسية والمفاهيم الجيوبولتيكية ، مطبعة أسعد ، بغداد ، 1976 ، ص 105 .

صحيح أن مؤتمر البحار الذي عقد في جنيف عام 1958 أقر إتفاقية خاصة بالبحر الإقليمي لكن هذه الاتفاقية أغفلت المسائل التي كانت محل خلاف بين الدول وتركتها على حالها واكتفت بتدوين القواعد المستقرة التي لا خلاف بشأنها فضلاً عن ان كثيراً من الدول التي أقرتها لم تصادق عليها . ولعل أهم ما يثار في موضوع المياه الإقليمية من نقاش هو أولاً تحديد طبيعة حق كل دولة على بحرها الإقليمي وثانياً تعيين حدود هذا البحر ومداه [22] .

فبعد ان كان عرض المياه الإقليمية قد حدد قبل 1920 بـ (3 أميال) فقط اعترضت إيطاليا على ذلك بعد هذا التاريخ وطالبت بمده الى (12) ميل بحري [الميل البحري يعادل 6076,115 قدم] إلا ان أكثر الدول لم توافق على هذا الإقتراح . وقد أثيرت هذه المشكلة مرة ثانية خلال الخمسينات بسبب قيام السفن البريطانية بصيد الأسماك قرب سواحل عدد من الدول المجاورة لها مثل إيسلندة . فقد قدمت هذه الدول أقتراحاً بأن تمد حدودها الإقليمية البحرية الى (12 ميل) وبعد ان فشل إجتماع جنيف 1958 في تحديد المشكلة عاد المؤتمر الى الإجتماع مرة ثانية في نفس المكان عام 1960 للنظر في نفس المطالب ، وتوصل الى القرارات التالية :

1- اذا كانت سواحل الدولة مستقيمة فيحدد عرض المياه الإقليمية بـ 12 ميل بحري إبتداء من خط الأساس . خط الماء الواطئ أو خط الجزر عند الساحل .

2- اذا كان الساحل كثير الخلجان والثنيات فيعتبر مدخل الخليج بمثابة خط الأساس الذي يطلق عليه أحياناً خط الإغلاق . فاذا كانت فتحة الخليج مستقيمة ويزيد طولها على 24 ميلاً فعندئذ تدخل مياه منطقة الخليج ضمن المياه الإقليمية للدولة كخليج المكسيك مثلاً . أما اذا كان طول الفتحة أقل من 24 ميل فحينئذٍ يعتبر خط الإغلاق قطراً لنصف دائرة ترسم من منتصفه بشكل يطوق الثنية او التعرج الخليجي . فاذا كانت مساحة نصف الدائرة أكبر من مساحة الثنية المائية فتدخل هذه المنطقة ضمن المياه الإقليمية التي تبدأ من الساحل . أما اذا كانت مساحة

_____

(22) علي صادق أبو هيف ، مصدر سبق ذكره ، ص 422 .

منطقة الخليج أكبر من مساحة نصف الدائرة فحينئذٍ يعتبر من المياه الداخلية ويحتسب خط الأساس من ساحله الداخلي

3-اذا كان قرب الساحل عدد من الجزر فيرسم خط الحدود وراء هذه الجزر لكي تصبح ضمن المياه الإقليمية . أما بالنسبة للجزر البعيدة نسبياً عن الساحل والتي تعود ملكيتها الى الدول المجاورة لها فتمتلك مياهاً إقليمية خاصة بها . ولذلك فانها تمتلك خطوط الأساس من الناحية النظرية على طول سواحلها[23] كما برزت اكار اخرى لفقهاء في القانون الدولي في تعريف البحر الإقليمي ، حيث عرفه الفقيه الفرنسي جلبرت جيدل بانه (شريط المياه المحصوره بين المياه الداخليه من جهة والبحر العالي من جهة اخرى)[24] .كما اكد القضية الانكليزية او اوينهايم بانه (المياه المحصورة في منطقه معينه يسمى بالحزام البحري او الحدودي ،والذي يحيط بالدولة، وهكذا يضم جزءاً من المياه التي تشمل بعض الخلجان والمضايق .[25]

---

(23) صباح محمود ونافع القصاب ، مدر سبق ذكره ، ص 214 -217. وكذلك يقارن علس صادق أبـو هيـف ، مصدر سبق ذكره ، ص 422 -425.

(24) حسين ندا حسين، الاهمية السراتيجية والنظام القـانوني للطريق الملاحي البحري في الخليج العربي ،بغداد ،دار الرشيد ،1980،ص 111 وتعاون مع كتاب جيد :

Gidel " ledroit interntional de lamer , chatearan ,1993 , t3 p 13.

(25) المصدر نفسه ص 11.

المبحث الثاني
طرق تسوية الخلافات الحدوديه

اولاً : معايير رسم الحدود :

قبل التطرق الى الكيفية التي يتم بها تسوية مشكلة الحدود سواء كان في اطارها القانوني ، السياسي ، أو العسكري (القوة) ، فإنه لا بد من الإشارة الى المعايير التي استند إليها كأساس لرسم الحدود السياسية ، والتي يمكن اختصارها في أربعة معايير:

1- المعيار الاستراتيجي والذي اعتبر من أهم المعايير التي سادت في فترة ما قبل الحرب العالمية الأولى .

2- الاعتبارات البشرية والحضارية وخصوصاً في فترة ما بين الحربين ، او ما يمكن ان يطلق عليه بالحدود الأنتوغرافية التي يتداخل فيها عنصرين وتلعب دوراً كبيراً في تعيين الحدود .

3- كما ان هناك المعيار الاقتصادي الذي أضحى في الوقت الحاضر المعيار الذي أثار مشاكل عديدة في تحديد الحدود وخصوصاً في منطقة الجزيرة والخليج العربي حيث النفط الذي أعتبر أهم وأخطر عامل في هذه المشاكل التي تعاني منها دول المنطقة .

4- وهناك معيار القوة الذي ساد حقل الجيوبوليتك ، حيث الأهمية الاستراتيجية ، وخصوصاً ما طرحه العالم الألماني راتزل الذي قال بأن أفضل الحدود هي التي تكون لها أهمية عسكرية [26] .

---

(26) للمزيد من الاطلاع حول هذه المعايير وتفصيلاتها ينظر اروى هاشم ، مصدر سبق ذكره ، ص 9 ويقارن مع فيليب رفله ، عز الدين فريد : جغرافية العالم السياسية ، المكتبة المصرية، القاهرة 1982 ، ص 239 .

ويقارن نافع القصاب ، محاضرات في الجغرافية السياسية

5- كما ان هناك من طرح معيار الدين كأساس لتعيين الحدود لفصل الجماعـات الدينيـة المختلفـة عـن بعضها وهو المعيـار او الاعتبـار الـذي طبـق في تعيين حـدود دولـة الباكستان عن الهند عام 1947 والذي أدى الى تقسيم شبه القارة الهندية [27] .

ومما لا شك ، فيه فانه مهما كانت المعايير او الاعتبـارات التي أضحت مرجعاً لتحديد الحدود وتأكيد رسمها على الأرض والخارطة ، فان لهذه الحـدود وظـائف تتجلى في :

- الدفاع عن الدولة وتوفير الأمن لمجتمعها .

- حماية الاقتصاد الوطني وانتهاج سياسة اقتصادية ، تتماشى وفلسفة الدولة وخططها التنموية .

- تنظيـم إنتقـال الأفـراد بشـكل يـتم فيـه مراعـاة القوانين المرعيـة والتحديـد الإحصـائي لسكانها ، وتنمية مواردهـا البشريـة بالشـكل الـذي يتطابق مـع فلسفتها السياسـية والإقتصادية .

- تنظيم التبادل الدولي من خلال شبكة مواصلات تسيطر عليها الدولة وبالشكل الـذي يسهل عملية الحراك الاجتماعي بين مختلف المناطق .

- وهناك أخيراً الوظيفة القانونية للحدود التي يتحدد من خلالها انتماء الفرد واكتسابه للجنسية ، وما يترتب عليه من حقوق والتزامات تجاه الوطن الذي ينتمي إليه [28] .

وعلى ضوء هذه الاعتبارات أو المعايير التي يـتم بها رسم الحـدود ، والوظائف التي تقدمها للدولة والمجتمع ، فان أسباب إندلاع مشاكل الحدود وتفاقمها الى أزمات

والجوبوليتك مطبعة الدوري ، بغداد ، 1973 ، ص 99 .

(27) محمد عبد الله محمد ، الحدود السياسية كأحد مقومات الدولة ، مجلة الدبلوماس الرياض العدد 9 / 1987 ، ص 133 .

(28) محمد محمود ابراهيم الديب ، الجغرافية السياسية أسس وتطبيقات ، المكتبة المصرية القاهرة ، 1987 ، ص 340 وقارن محمد مرسي الحريري ، دراسات في الجغرافية السياسية ، دار المعرفة الاسكندرية ، 1990 ، ص 355 - 356 .

خطيرة يمكن إجمالها بعدد من الأسباب ، والتي سوف يتم توضيحها بشكل وافٍ في دراستنا لمشكلة الحدود في منطقة الخليج والجزيرة العربية ، ومنها :

أولاً : الأسباب القانونية والمتأتية من عدم الاعتراف بشرعية المعاهدات والاتفاقيات التي تم التوصل اليها في ظروف غير مناسبة لعملية رسم الحدود بين دولتين او اكثر او نتيجة خلاف يحصل حول تفسير الوثائق الرسمية التي تم الاتفاق عليها ، وإنكار هذا الطرف أو ذلك ما تم توقيعه من قبل أطراف سياسية غير مخولة ، ومبدأ التوارث الذي يحصل نتيجة إندماج دولتين أو أكثر ، أو إنفصال دولة عن مجموعة من الدول[29] . والأمثلة كثيرة من هذا النوع في منطقة الخليج العربي كما سنرى في دراستنا .

ثانياً : الأسباب التاريخية التي شكلت من الأسباب البارزة في تفاقم مشكلة الحدود وخصوصاً ما حصل بين ألمانيا وفرنسا ، وما يجري الآن في منطقة الخليج العربي . حيث أن هذه الأسباب لا تعترف بحق التقادم المكتسب مهما طال الزمن[30] .

ثالثاً / الأسباب العرقية والتي تتركز في سعي دولة ما لإستعادة منطقة أوضمها إليها ليس لكونها جزء من دولتها وإنما لكون شعبها أ سكانها ينتمون الى نفس العرق الذي يتكون منه شعبها وخصوصاً في أفريقيا التي عانت كثيراً من هذه المشاكل ، حيث تم تحديد حدودها نتيجة للمصالح الاستعمارية خلال القرن التاسع عشر ولم تأخذ بنظر إعتبارها التكوينات العرقية والدينية وخصوصاً في منطقة البحيرات العظمى في أفريقيا.

رابعاً / الأسباب الاقتصادية ، حيث ان الموارد الاقتصادية الاستراتيجية شكلت من أكبر عوامل تفجر النزاعات الحدودية ليس في منطقة الخليج العربي حيث الدور الذي لعبته القوى الاستعمارية وشركاتها البترولية في تخطيط الحدود وترسيمها وإنما أيضاً في أمريكا اللاتينية [31] .

International Court of Justice , Year Book , 1993 - 1994 No. 43 ,p.184 . (29)

J.B. Kelly , Arabia , The Gulf and the West London , 1980 , p.189 . (30)

(31) سوسن حسن ، صراعات الحدود في أمريكا اللاتينية ، السياسة الدولية ، القاهرة العدد 67 /1982 ، ص55 .

خامساً / الأسباب الاستراتيجية ، وهو السبب المتأتي من اعتقاد هذه الدولة او تلك بأن إمتلاكها او سيطرتها على هذه المنطقة سوف يجعل منها دولة آمنة مـن أي خطـر عسكري ، أو التحكم بالممرات البحرية التي تجعل من هذه الدولـة مسيطرة علـى كـل الطرق التي تستطيع منها الدول " المعادية " إختراق الأمن القومي لتلك الدولة . والأمثلة كثيرة في هـذا الاتجاه ، ولا سيما النـزاع السعودي القطري علـى مخفـر الخفـوس كما سنلاحظ في الصفحات القادمة .

سادساً : الأسباب السياسية . مهما تعددت الأسباب التي مر ذكرها وتحليلها إلا انه في حقيقة الأمر تبقى مشكلة الحدود ومختلف أنواعها راجعها لأسباب سياسية والمتأتيـة أصلاً من الاختلافات العقائدية ، او ان صح التعبير الاختلافات في فلسفة النظم السياسية وتشابك علاقاتها الاقليمية والدولية ، إضافةً الى تنافس القوى العظمى التي نقلت كـل صراعاتها الى مناطق بعيدة عـن حدودها وحولتها الى مساحات تنافس وصراع خدمـة لمصالحها الحيوية ، ناهيك في ان أغلب ما تعانية الأنظمة السياسية من أزمات في الحكم تترجمها الى مشاكل خارجيـة بغيـة صرف الأنظـار عـن مشاكل الـداخل (32). فالـدول الاستعمارية لعبت دوراً في اثارة معضلة الحدود بين الدول الحديثة ،وخصوصاً في فترة مـا بعد الحرب العالمية الاولى حيث صكوك الانتداب والمحميـات التـي افرزتها الحرب قـد ادت الى رسم حدود بين هذه المستعمرات اضحت مشاكل مستعصية بعد الاستقلال.

سابعاً : الأسباب الجغرافية . حيث أن موقع الدولة يلعب دوراً مهـماً في تحديد اتجاهـات سياسـتها الخارجيـة ، وأهـدافها المسـتقبلية ، وعلاقاتها مـع الـدول المجـاورة ، وخصوصاً بالنسبة للدول المغلقة . او شبه المحصورة في نطاق ضـيق وبشـكل لا يتناسب مع إمكانياتها البشرية وقدراتها الاقتصادية (33) .

---

(32) صلاح العقاد ، الاطار التاريخي لمشكلات الحدود العربية ، مجلة السياسة الدوليـة العـدد 111/ 1993 ، ص 147 .

(33) ينظر على سبيل المقارنة / سوسن حسن ، مصدر سبق ذكره ، ص55.

((طرق تسوية الخلافات الحدودية))

ليس هناك من منظمة دولية او اقليمية الا ونصت في ديباجة منهاجه والبنود المفصله له (الا وان اكدت) على ضرورة اشاعة التعاون بين الدول الاعضاء وحفظ الامن والسلم وتسوية الخلافات بالطرق السلمية وعدم التدخل في الشؤون الداخلية. وفي هذا السياق لقد نصت المادة الثانية من ميثاق الأمم المتحدة بأن ((يفض جميع أعضاء الهيئة منازعاتهم الدولية بالوسائل السلمية على وجه لا يجعل السلم والأمن والعدل الدولي عرضة للخطر)) وقد عددت المادة 33 من الميثاق هذه الوسائل فنصت على أنه يجب على أطراف النزاع ان ((يلتمسوا حله بادئ ذي بدئ بطريق المفاوضات والتحقيق والتحكيم والتسوية القضائية او ان يلجأوا الى الوكالات والمنظمات الاقليمية او غيرها من الوسائل السلمية التي يقع عليها إختيارهم)) [34] .

كما ان الميثاق قد نص في مواضع اخرى على وجوب عرض النزاع على الهيئات الدولية لتوصى بما تراه بشأنه . اضافةً الى ان الاتفاقيات الدولية التي تم إبرامها نصت على العديد من الاجراءات والأحكام ولاسيما اتفاقية لاهاي لعام 1907 عن الوساطة والخدمات الودية و التحقيق والتحكيم .

وفصل النظام الأساسي لمحكمة العدل الدولية كل ما يتصل بالطريق القضائي اضافة الى ما تم التعارف عليه وأصبح متواتراً في محيط العلاقات الدولية .

أما بالنسبة لجامعة الدول العربية فقد نصت في المادة الخامسة من ميثاقها على حسم أي خلاف قد ينشأ بين دولتين أو أكثر بالطرق السليمة ، وعدم جواز

---

(34) ينظر حول ميثاق الأمم المتحدة ، على صادق ابو هيف مصدر سبق ذكره ، ص981.

اللجوء الى القوة لفض المنازعات[35]. كما ان منظمة الوحدة الافريقية فد اكدت في ديباجة ميثاقها على ضرورة توطيد التفاهم بين شعوب القارة ، ودعت الى تدعيم "الاخوة والتضامن في نطاق واحد اكبر تتخطى جميع الاختلافات القومية والاقليمية" والمحافظة على سيادة دول القارة وسلامة ونصت في المادة الثالثة من ميثاق عدم التدخل في الشؤون الداخلية للدول الاعضاء ، واحترام سيادة كل الدول وسلامة اراضيها وحقها الثابت في استقلال كيانها ، واكدت بشكل قومي على قدسية الحدود وعدم المساس بها ، نظراً لاوضاع القارة ذات الحساسية البالغة وخصوصاً من ناحية ترسيم الحدود التي جرت بين دولها من قبل الدول الاستعمارية ٰ.

واذا كان هذا ينعكس على كل المنازعات التي تحدث ما بين دولتين أو أكثر وخارج النطاق الاقليمي أو الدولي حيث الطرق الدبلوماسية او السياسة التي تسلك لتسويتها وخصوصاً من خلال التفاوض والوساطة وعرض النزاع على المنظمات الدولية والاقليمية كما تم الاشارة الى بعض نصوص مواثيقها ، فان مشكلات الحدود تعد وخصوصاً في السنوات الأخيرة من أعقد المشكلات الدولية ، وان كانت طرق تسويتها لا تختلف عن طريق تسوية المنازعات الدولية الأخرى . وبناء عليه فان تسوية نزاعات الحدود تنحصر في :

---

(35) جميل مطر ، علي الدين هلال ، النظام الاقليمي العربي ، دراسة في العلاقات السياسية العربية ، مركز دراسات الوحدة العربية ، ط 5/ 1986 ، ص 118 . ويقارن ناصيف حقي ، الخلفيات السياسية لمحاولات تعديل ميثاق جامعة الدول العربية ، مجلة المستقبل العربي العدد 164 (8) 1993 ، ص 118-119.

وينظر كذلك ناظم عبد الواحد الجاسور ، دور جامعة الدول العربية في تعزيز العمل القومي المشترك ، ندوة النظام السياسي العربي ، بيروت 28-29 أبريل 2000 .

ٰ علي صادق ابو هيف ، مصدر سبق ذكره ص 1045 . وما بعدها .

أولاً : الوسائل السياسية والدبلوماسية .

ثانياً : الطرق القضائية .

ثالثاً : أسلوب القوة .

أولاً : تسوية النزاع عن طريق الوسائل السياسية والدبلوماسية :

ان اول ما يأخذ بنظر الاعتبار في هذه الوسائل هو أسلوب المفاوضات التي تعني تبادل الرأي بين دولتين متنازعتين بقصد الوصول الى تسوية الأزمة الناشئة على موضوع محدد ، ومن خلال تعيين مندوبين يتكلفون بـذلك وحسـب الأهميـة التـي يمثلهـا النـزاع والاختصاص المعين وقد تكون المفاوضات مباشرة او غير مباشرة . وتتم في نطاق الـدولتين أو عن طريق مؤتمر يجمعها (36) . وقد أثبتت الأحداث بأن تسوية المنازعـات عـن طريق المفاوضات المباشرة بأنه الطريق الأمثل وخصوصاً اذا ما توفرت الرغبة في إقرار حل دائـم لهذا النزاع .

وأحياناً ما يلجا الى الوساطة المزدوجـة لحـل المنازعـات ، حيـث تختـار كـل مـن الدولتين المتنازعتين دول أخرى تعهد اليها بأن تتولى المفاوضة بشأن النزاع القـائم.في حين ان المفاوضات المباشرة لا تتطلب وجود طرف ثالث في ذلك (37) .

ومما لا شك فيه ، ان تسوية المنازعـات الحدوديـة عـن طريق المفاوضـات المباشـرة تعتمد على رغبة الطرفين للتوصل الى تسوية دائمة ، ومن ثم تكافؤ الأطراف المتنازعـة في مركزها التفاوضي ، ومتسـاوية في القـوة ، والإمكانيـات الاقتصـادية والبشـرية . ومـن بـين الوسائل الدبلوماسية والسياسية ، هناك الوساطة ، حيـث تقـوم أحـدى الـدول التـي لهـا علاقة بأطراف النزاع ، أو تتأثر باستمراره ، او ربما يطلب منها ذلك من أجل التقارب بـين وجهات نظر الأطراف المتنازعة . وهو ما يسمى بالنشاط الـودي المحايد ، الـذي يهـدف الى تجسير فجوة الخلاف ووضع الاقتراحات وإستئناف

---

(36) الشافعي محمد بشير ، القانون الدولي العام في السلم والحرب ، منشأة المعارف الاسكندرية ، 1971 ، ص 389 .

(37) سهيل الفتلاوي ، المنازعات الدولية ، مطبعة القادسية ، بغداد ، 1985 ، ص 50 .

المفوضات المباشرة التي انقطعت نتيجة لتعنت أحد الأطراف [38]. والوساطة لا يمكن الحكم بنجاحها إلا اذا حصلت على ثقة الأطراف المتنازعة، ومعرفة الدولة الوسيطة بحيثيات النزاع وقد تكون الوساطة فردية او جماعية [39].

ومن بين الأساليب الأخرى ما يطرح بصدد ذلك هو المساعي الحميدة والتي تتجسد في قيام دولة ثالثة او منظمة دولية او اقليمية بعمل ودي من أجل ايجاد مجال للتفاهم بين الأطراف المتنازعة. حيث تنحصر المهمة التي تدخل في إطار المصالح المشتركة والإنتماء القومي، في التقريب بين وجهات النظر وتخفيف حدة النزاع [40].

كما يرد في اطار هذه الوسائل الدبلوماسية والسياسية، إسلوب التحقيق، وهو الاسلوب الاختياري وليس الاجباري عن طريق تشكيل لجنة دولية تتولى مهمة الفحص والتحقيق، وليس لتقدير اللجنة او توصياتها أي صفة إلزامية للطرفين [41]. كما يطرح في هذا الاتجاه نفسه التوفيق، وهي اللجنة التي تعرض ما يتم التوصل اليه على طرفي النزاع بصورة منفردة او مجتمعين وليس لها صفة الزامية. ويبدو ان هناك ترابط ما بين التحقيق والتوثيق، حيث ان هدفهما واحد في النهاية، حيث وضع مقترحات لتسوية الأزمة وسرد الوقائع كما هي على أرض الواقع.

كما ان الشواهد كثيرة التي دلت على ان تسوية نزاعات الحدود يمكن ان تعرض على المنظمات الدولية والاقليمية التي تفوض طبقاً لنصوص مواثيقها في عرض النزاع وجلوس الأطراف المتنازعة الى طاولة المفاوضات والقبول بما تقرره هذه المنظمات [42].

(38) Jean Pierre Cot , International Conciliation , Europe Publication , London , 1972, p.23 .

(39) محمد حافظ غانم / مبادئ القانون الدولي العام ، ط 3 مطبعة النهضة ، القاهرة ، 1963 ، ص 612 .

(40) علي صادق ابو هيف ، مصدر سبق ذكره ، ص 763 ويقارن محمود سامي ، القانون الدولي العام ، مطبعة لجنة التأليف والترجمة القاهرة 1938 ، ص 563 .

(41) Manskelsen , Principles of International Low , third printing New York , 1959 , p.368 .

(42) Alan James , The United Nations and Frontier Dispntes in International Regulation ,   London 1970 , p. 198 .

ثانياً : الطرق القضائيـة :

تشخص أولى الطرق القضائية لحل المنازعات الحدودية هـو اسلوب التحكيم حيث النظر في نزاع بمعرفة شخص او هيئة يلجأ اليه أو اليها المتنازعون مـع إلتزامهم بتنفيذ القرار . الذي يصدر في النزاع . والأمثلة كثيرة في ذلك وخصوصاً النـزاع الارتيري - اليمني على جزر حنيش حيث قررت محكمة العدل الدولية بسيادة اليمن عليها . وبهـذا الإلتزام يتميز التحكيم عن الوساطة والتحقيق بصفة الإلزام. وقد نص التحكيم في المـادة 37 من اتفاقية لاهاي لعام 1907 حيث ان ((الهدف مـن التحكيم الـدولي هـو تسـوية المنازعات بين الدول بواسطة قضاة مـن اختيارهم وعـلى أسـاس احـترام القـانون)) [43] وللدول ان تعرض على التحكيم أي نزاع بينها سواء كـان خـلاف عـلى تفسـير معاهـدة أو مادياً بحتاً كالمنازعات الخاصة بتعيين الحدود . ويكون عـرض النـزاع عـلى التحكيم بناء على اتفاق الدول المتنازعة ومن خلال الاجراءات الخاصة التي يتطلب عـرض النـزاع عـلى لجان التحكيم الخاصة او الدائمة وعلى وفق ما تراه الأطراف المتنازعة [44] .

اضافة الى محكمة العدل الدولية التي لها اجراءاتها وقواعدها الخاصة التي تحكم بها ، وان قراراتها الزامية لا تقبل الاستئناف او اعادة النظر في حالة ظهور وقائع جديدة ، كأنه توجد محكمة عدل أوروبية .

ومحاكم أخرى اقليمية لها صفة القضاء الدولي في النظر في الدعاوى المحالة اليها بصدد المنازعات بين اطراف النظام الاقليمي . كما ان هناك محاولات عديدة لإنشاء محكمة عدل عربية في اطار جامعة الدول العربية مهمتها فض المنازعات بالطرق السليمة على وفق الاجراءات التي يقررها القانون الـدولي العـام ومـا يستند إليه مـن المعاهدات والاتفاقيات الخاصة في العلاقات العربية - العربية . التي كانت

---

(43) Stephen M.Schwebel , International Arbitration Crotius Publication limited . London , 1987 , p.13.

(44) علي صادق ابو هيف ، مصدر سبق ذكره ، ص 777 - 786 .

كثيراً من المشاكل والنزاعات الحدودية وعطلت مـن فعلها الطبيعي في اقامة علاقه تضامن وتعاون مستمرة .

ثالثاً : اسلوب القوة أو الإكراه :

وهو من الأساليب الأخيرة التي يلجأ اليها لتسوية المنازعات الحدودية بعد ان تفشل كل الطرق الودية التي تم الاشارة اليها في فض النزاع القائم . إذ تعمد دولة الى القيام بعمل من أعمال الإكراه لتدفع الدولة الأخرى بقبول الحل الذي تفرضه عن طريق القوة . إلا ان هذه الكيفية التي يتم اللجوء اليها لا تحظى بالمشروعية ، وأضحت أمراً غير مقبول فيه في المجتمع الدولي ، وخصوصاً بعد ان أجمعت المواثيق والاتفاقيـات الدوليـة على ضرورة التوصل الى حل النزاعات بالطرق السلمية . وقد تتفاوت أساليب الإكراه ما بين استخدام القوة المسلحة ، وقطع العلاقات الدبلوماسية والتجارية ، والحصار السلمي وغلق الحدود لتصل الى ذروة العمل العسكري ، وهذا ما حصل في اكثر من نـزاع سـواء كان بين العراق والكويت أو السعودية وقطر (45) .وكذلك في النزاع المغربي -الجزائري عـام 1963 والذي سوف يكون موضوع دراسة الفصل الاخير مـن الكتـاب . وبنـد العـدد فان البعد العسكري التي شنتها القـوات المصريـة ضـد ليبيا عـام 1977 وخصوصاً مـن تـازم العلاقات بين البلدين ، وأضحت هنالك امثلة اخرى في اندلاع النزاعات العسـكرية نتيجـة لظواهر التسلح وبناء القوات العسكرية ،الامر الذي زاد من مخاطر هذه النزاعات التي لم يكن من الممكن تسويتها بالطرق السلمية ، خاصة اذا ادركنا قوة التاثير الخارجي مـن قوى اجنبية وجدت في بعض مواقف الدول وسياسـتها المعاديـة للـدول العربية الاخرى منفـذاً لتحقيـق اهـدافها ، ولا سـيما المنـاطق المتنـازع عليهـا ذات الاهميـة الاقتصادية الحيوية والاستراتيجية .

---

(45) مراد ابراهيم الدسوقي ، البعد العسكري للنزاعات العربية - العربية ، مجلـة السياسـة الدوليـة العـدد 111 / 1993 ، ص196.

الفصل الأول

دور القوى الاستعمارية في التكوين الاجتماعي والسياسي لدول المنطقة

المبحث الأول : بريطانيا والتكوين الجيوبولتيكي لمنطقة الخليج والجزيرة العربية

المبحث الثاني : التشكيلات الاجتماعيه والسياسية لدول المنطقة .

المبحث الأول

بريطانيا والتكوين الجيوبولتيكي لمنطقة الخليج والجزيرة العربية

إذا كانت منطقة الشرق الأوسط , وباتفاق علماء ومنظري الجيوبولتيك , تمثل منطقة التوسط الجغرافي في العالم في القديم والحديث [46] , وحتى المعاصر , وارتبط اسمها بالإستراتيجيات العسكرية والأمنية , فإن منطقة الخليج العربي , بمياهها , وسواحلها , وأرضها , تشكل قلب هذا التوسط الجغرافي , النابض بالحركة والتدفق . ليس فقط في كونها منبع الهجرات ومستقر انطلاقها نحو بقية الأصقاع في المشرق العربي ومغربه , إلا انها تمثل أيضا المنطقة الحيوية بكل سماتها , وموقعها الاستراتيجي , وثرواتها المعدنية التي قلبت كل الموازين , والمعادلات السياسية في التنافس والسيطرة الدولية . ولعبت دوراً بارزاً , وما زالت تلعبه , في الاستراتيجية الدولية , وخصوصاً بالنسبة لثرواتها البترولية الهائلة , بحيث أضحى من يسيطر على البترول يسيطر على العالم , وهو الأمر الذي قلب كل النظريات السابقة التي طرحها مفكرو الجيوبولتيك, وعلماء السياسة خلال عقود القرن التاسع ـ عشر والقرن العشرين , وخصوصاً بعقدة الأخير , بعقده التسعينات بمتغيراته الجذرية على المستوى الإقليمي والدولي , وحتى في منطلقاته الفكرية , السياسية , الايديولوجية .

ومن هنا , فأن الخليج العربي يعتبر قلب الشرق الأوسط جغرافياً , وبابه

---

(46) حينما احتل القائد اليوناني الاسكندر المقدوني بعض المناطق في الضفة الاخرى المواجهة للبحر المتوسط وحوض وادي الرافدين وبلاد الشام اوعز الى احد قواده بالسير من مصب نهر دجلة الى مصب نهر السند عبر الخليج العربي وخليج عُمان والمحيط الهندي .ينظر حسين ندا ،مصدر سبق ذكره ، ص 31 .

السحري وصندوقه الذهبي , حيث يقول ريموند أوش بان " الدولة التي تستولي على الخليج العربي , وعلى ساحل عمان تستطيع أن تحكم جزيرة العرب والعراق وإيران وأفريقيا , وتستطيع أن تغلق قناة السويس , وأن تقطع خطوط المواصلات الجوية والبحرية الى الهند وأفريقيا [47] .

فهذه المنطقة المحددة جغرافياً تعد من اقدم المناطق التي شهدت صراعاً دولياً تعدى نطاقه الإقليمي , حيث المطامع السياسية والاقتصادية التي وجهت أنظارها نحو دول المنطقة وخصوصاً أن هناك بعض المواقع التي تعتبر من أكثرها أهمية في المنطقة التي تتوسط ذلك الأفق الواسع الممتد حتى مدينة البصرة في جنوب العراق . وقد استطاع الفرس في عام 638 ق.م أن يقيموا قاعدة بحرية في البحرين الأمر الذي سهل لهم بالتالي وتطلب السيطرة على منطقة الخليج العربي كلها بعد سقوط عُمان واليمن في أيديهم .

كما شهدت المنطقة طامع آخر جديد رمى بصره من بعيد نحو هذه المنطقة وهو الاسكندر المقدوني الذي اطلع بنفسه على السائل الأسود الذي استخدمه البابليون في إشعال مصابيحهم . وبقيت هذه المنطقة تحت السيطرة الأجنبية تارة في ظل الإمبراطورية الساسانية , وتارة اخرى تستقل تحت سلطة أمراء وحكام مستقلين , حتى استقر بها العرب في عام 190 ميلادية . كما تعرضت أيضا لغزو ملك القدس الذي طرد العرب منها , واحل محلهم الفرس والأحباش في اليمن إلا إن هذا الوضع لم يستمر طويلاً حتى جاء الإسلام بغزواته و فتوحاته في النصف الثاني من القرن السابع الميلادي من فتح بلاد الرافدين وجنوب جزيرة العرب , و أجزاء اخرى من بلاد فارس , حيث بقيت هذه المناطق خاضعة وعلى التوالي للدولة الأموية

(47)يسرى الجوهري : الجغرافية السياسية والمشكلات العالمية , مؤسسة شباب الجامعة الإسكندرية / 1993 ,ص362 .وينظر كذلك كتاب سيد نوفل , الأوضاع السياسية لإمارات الخليج العربي وجنوب الجزيرة , القاهرة / 1996 , ص62 .

والعباسية ⁽⁴⁸⁾.

ومع بداية القرن السادس عشر ـ الذي اثر فقدان العرب للخلافة الاسلامية وانتقالها الى آل عثمان الذين لم تكن لهم سيطرة فعلية على منطقة الخليج العربي وولاياته , إلا بالاسم فقط , وذلك لما كان يتمتع به أمراء وحكام هذه المناطق من استقلالية واضحة وإدارتهم لشؤون قبائلهم بالشكل الذي أوجد بعض الأسس القوية في تكوين وحداتهم السياسية والاجتماعية , وظهر ما يعرف بالنظام الدولتي, او " دولة المدينة " حيث شيخ العشيرة يتريع على قمة السلطة الاجتماعية ـ السياسية . ولكن بالمقابل أيضا جعل منها منطقة للتنافس الخارجي الأوري بالتحديد حيث وطأتها أولى الأقدام البرتغالية إذ إن الصعوبات الكبيرة التي أعاقت البرتغاليون في إحكام سيطرتهم على المنطقة ومشايخها نتيجة للثورات , والانتفاضات , وحركات العصيان والتمرد التي كانت تغذيها أيضا أطرافا دولية اخرى طامعة في هذه المنطقة , التي سرعان ما تتخلص من قوة أجنبية حتى غزتها قوة اخرى استعمارية وسيطرت عليها . وهكذا دواليك فان المنطقة التي أضحت ساحة مكشوفة بدولها , ونظمها , وثرواتها , وشعوبها للتنافس الدولي , الذي اتخذ أشكالا متنوعة ومختلفة في أساليبها عما كان في السابق , إلا انها تصب في هدف مركزي واحد هو التحكم بمقدراتها والاستفادة من موقعها الجيوستراتيجي , واستغلال ثرواتها البترولية , وبالشكل الذي جعلها تابعة تبعية كاملة لعجلة الاقتصاد الرأسمالي , مثلما كانت تابعة لعجلة الاقتصاد الاستعماري في بداياته الأولى ⁽⁴⁹⁾.

إذ بعد أن خرج البرتغاليون في عام 1622 حط الهولنديين , ثم الفرنسيون والبريطانيون في الوقت الذي لم تكف محاولات الفرس خلال كل القرون السابقة لتوظيف التنافس الاستعماري لتحقيق مطامحهم في العودة الى المنطقة إلا ان

---

(48) يسرى الجوهري : مصدر سبق ذكره , ص365 .

(49) محمود علي الداود : العلاقات البرتغالية مع الخليج العربي 1507=1650,مجلة كلية الآداب جامعة بغداد العدد 2 فبراير 1961, ص239 .

محاولاتهم قد باءت بالفشل حتى انه لم يعد لهم نفوذ في المنطقة بحلول عام 1783 . فالقراءة المتأنية لصفحات تاريخ المنطقة تعطينا الملاحظة الواضحة من إن بريطانيا كانت القوة الوحيدة التي عرفت كيف تحكم قبضتها على المنطقة وتزيح من أمامها كل القوى الاستعمارية الأخرى , حيث انها ولأكثر من قرنين لم تواجه أية مقاومة تذكر من قبل القوى الأخرى . حتى فرنسا لم تستطع أن توجد لها موطئ قدم ثابتة ومستقرة في هذه الساحة , وخصوصاً بعد انسحاب نابليون من مصر- أدى الى زعزعة مكانتها في المنطقة التي أضحت في مطلع القرن العشرين " خليجياً بريطانياً " والذي جاء نتيجة للسياسة البريطانية التي تم السير عليها وعلى وفق مراحل متعددة[50].

فلقد سلكت السياسة البريطانية الاستعمارية , وخصوصاً في البلاد العربية ثلاثة مناهج , او أساليب ارتكزت على :

أولا : الإلحاق , وهي السياسة المتبعة على استخدام القوة من خلال خلق مختلف الذرائع , وهذا ما طبق في احتلال ميناء عدن عام 1839 عندما تذرعت بريطانيا بغرق زورق بريطاني بأنه اعتداء على عرش جلالة الملكة , وكذلك في بقية المناطق الأخرى .

ثانياً : أسلوب الحماية , وهو الاسلوب الذي أعطى ثماره الواضحة في الحفاظ على مصالح الإمبراطورية , حيث انه قطع آمال ومطامع كل دولة ما عدا الإنكليز الذين لهم سلطة الأمر والنهي في كل شئ . حيث لا يحقق , بموجب اتفاقيات ومعاهدات الحماية , مثلاً لذلك الأمير او الحاكم أن يفاوض دولة أجنبية إلا بواسطة الإنكليز , ولا أن يستقرض مالاً إلا من مال الإنكليز , ولا أن يستجلب متخصصين فنيين لإجراء الإصلاح في بلاده إلا إذا كانوا من الإنكليز , ولا أن يمنح امتيازاً مشروع إلا لشركة رأسمالها ورجالها إنكليز , ولا أن يأذن لدولة غير دولة بريطانيا العظمى بأن تمتلك شبراً من الأراضي التي هي تحت حوزته .

---

(50) صبري فارس الهيتي , الخليج العربي, دراسة في الجغرافية السياسية , دار الرشيد للنشر- بغداد / 1987, ص32 وما بعدها

والأسلوب الثالث , وهو الانتداب الذي أحكمت فيه بريطانيا قبضتها السياسية , والدستورية , والاقتصادية على العراق وشرق الأردن وفلسطين , حيث خولها هذا التفويض الدولي بموجب بنود عصبة الأمم التصرف في كل شئ , حتى في التكوين السياسي لهذه الأراضي والشعوب الواقعة تحت الانتداب حتى تتمكن من التصرف بشؤونها حال بلوغها " الرشد السياسي والقانوني [51]

ومن خلال هذه الأساليب الثلاثة تمكنت بريطانيا من فرض هيمنتها التي وجدت لها بعض العناصر , والفئات الاجتماعية من يمهد لها طريق التوغل , وبناء أسس ومرتكزات المصالح البريطانية في المنطقة . وبالمقابل أيضا فأن هذه الأساليب , ومن بينها أسلوب الحماية , على الرغم من انه فرض بالقوة أحيانا , ولا خيار من عدم قبوله من قبل التكوينات السياسية الجنينية على ساحل الخليج , إلا انه ساهم في إشاعة نوع من الاستقرار في هذه الإمارات والمشايخ , وساعدتها بريطانيا وفقاً لمصالحها الاستعمارية , في بناء بعض المؤسسات الإدارية , العسكرية ذات الطبيعة الأمنية التي تطورت بمرور الزمن لتصبح مؤسسات قادرة بالانتقال الى ممارسات أعلى , وزودت بالخبرات والمهارات المطلوبة في ظل دولة مستقلة . كما انه ويلاحظ من سياق التطور التاريخي للمنطقة , بأن السياسة البريطانية لعبت دوراً بارزاً في التكوينات الدولتيه من خلال سياسية الخداع و المراوغة , والاصطفاف مع هذا الجانب , ضد الجانب الآخر , وتخلت في اكثر من مرة عن الوعود والالتزامات التي قطعتها , وهذا هو شأن السياسية البريطانية على مر التاريخ . كما انها ساهمت في تشويه الجغرافية الطبيعية للمنطقة , وإعادة تكوينها الجيوبوليتكي بالشكل الذي

---

(51) راشد طبارة : الانتداب وروح السياسية الإنكليزية , مطبعة طبارة , بيروت 1925 ص71. للاطلاع على تفاصيل السياسية البريطانية وصراعها مع القوى الأجنبية الأخرى , ينظر احمد العناني , المعالم الأساسية لتاريخ الخليج , وبحوث اخرى , مؤسسة الشروق , دولة قطر , 1984 بخصوص أتفاقيات الحماية فأن بريطانيا فرضتها على البحرين عام 1861 ، , وعلى الكويت 1899 وعلى قطر 1916 وعلى غيره 1915

يؤكد استمرار سيطرتها , وأبعاد أية قوة منافسة لها , والدخول في تحالفات مع القوى المحلية الأقوى , بغية انصياع الأضعف , ومن ثم إعادة ترسيم الحدود . والمناطق , وتقطيعها على وفق الرؤى المستقبلية التي تطرحها السياسة البريطانية بين حين وآخر [52] وخصوصاً حاولت تشجيع الاطماع الشخصية لحكام هذه الدويلات .

ومن هنا أيضا , فإذا كانت المشاكل والصراعات الحدودية والسياسية التي تتقاسمها دول الخليج العربي , هي بكل تأكيد من مخلفات الحقبة الاستعمارية , إلا انه بما يلفت الانتباه هو أن التكوين السياسي لدول المنطقة يتسم بعدم التكافؤ لا في المساحة , ولا في القوة البشرية , ولا حتى في القوة العسكرية . فقد نشأت الدول الكبيرة , مثل السعودية على حساب الدول الصغيرة التي تخشى ـ الابتلاع وتسود علاقتها مع جاراتها , علاقات حذرة , وقلق شديد جراء هذه المشاكل وخلفياتها , التي أضحت هاجسها الأمني المشترك .

وإذا كانت بريطانيا قد مارست دورها المعروف تاريخياً في توطيد ,وتوسيع أركان الدولة السعودية بالمساحة التي تحتلها ألان , فأنها بالمقابل لعبت دوراً مشهوداً في إضعاف القوة العسكرية للإمارات والمشايخ على ساحل الخليج العربي من خلال أثارة الاضطرابات العرقية , والمذهبية , بهدف إجبار رؤساء هذه الإمارات على عقد معاهدات واتفاقيات الحماية , خصوصاً في أبو ظبي , و القواسم على الساحل المهادن في الوقت الذي أجادت فيه اللعب على الصراعات الجانبية , والنزاعات الشخصية بين العوائل نفسها , الأمر الذي سهل لها السيطرة , ابتداء من المعاهدات البحرية الدائمة عام 1853 والتي ضمنت مبدئياً استقلال كل المشيخات بشكل عملي ومن ثم توسيع ذلك الى إطار أوسع في ظل الحماية من خلال اتفاقيات منفردة

(52) صبري فارس الهيتي :مصدر سبق ذكره ,ص275 ويقارن محمد جاسم الندادي ,الخليج العربي في الاستراتيجية البريطانية منذ الحرب العالمية الثانية ,مجلة الخليج العربي , مركز دراسات الخليج العربي , جامعة البصرة العدد(1) السنة الثامنة عشر المجلد الثاني والعشرون 1990، ص 77.

مع هذه الإمارة أو تلك الأمر الذي أدى الى إثارة خلافات جانبية على الحدود "حيث الحَكم الباطل " بريطانيا غذت مطامع النفوذ والتوسع في الحدود بين كل إمارة على حساب الإمارة الأخرى بغية تحقيق مخططاتها الاستراتيجية , وخصوصاً عندما اندلعت الحرب العالمية الأولى استفادة بريطانيا من هذا الوضع كثيراً في الانتصار على تركيا , حيث قطعت أوصالها في المنطقة العربية , واتهمت كل نفوذ كان يتمتع به الأتراك في هذه المناطق حتى وأن كان بالاسم فقط من الناحية الدينية .

و قبيل اندلاع الحرب العالمية الأولى , استطاعت بريطانيا ان تجبر تركيا بالتخلي عن شبه جزيرة قطر . وتعهدت بريطانيا بعدم تدخل حاكم البحرين في شؤون قطر والمناطق المجاورة لها , حيث أصبحت الحدود فيما بعد والتي رسمتها بريطانيا على الخارطة فقط بين هذه المشايخ أمرا واقعاً , وفي الوقت الذي طوقت الكويت وقطر والساحل العماني , والإمارات المتصالحة , بمعاهدات متميزة , تركت أمر تحديد الحدود على الأرض بين هذه الدول او الإمارات , لأنها كانت لا تشعر وقتئذ بأن هناك تهديدات خارجية لمصالحها في المنطقة , في الوقت الذي أعطت لأبن أسعود كل ما يريد , وأطلقت يديه في تحديد وبناء مملكتة بالطريقة التي يستطيع بها طرد القبائل والآسر الحاكمة على ارض نجد والحجاز (53) وفصل قطر سياسياً و إداريا عن البحرين وتثبيتها إمارة مستقلة وربطها باتفاقية الحماية , في الوقت الذي عملت على فقدان البحرين وحدتها السياسية , وموروثها التاريخي , ومن ثم خلق كيانات إماراتية على الساحل العماني التي قامت على أنقاض دولة اليعاربة العمانيين وهي الدولة العربية العظمى التي انطلقت في سيادتها على رقعة جغرافية واسعة شملت أفريقيا والهند (54). وتبقى للخليج العربي أهميته الاستراتيجية التي

---

(53) عبد الله فؤاد ربيعي : قضايا الحدود السياسية للسعودية , والكويت مل بين الحربين العالميتين 9191-

1939, مكتبة مدبولي 1990, ص60 .

(54) عبد الجليل مرهون : نزاعات الحدود في شبه الجزيرة العربية ,مجلة شؤون الأوسط, العدد12 أكتوبر

1992,ص50.

ازدادت في الوقت الحاضر بفضل الاكتشافات البترولية الى الدرجة التي جعلت دايفيد تسوسوم وكيل وزارة الخارجية الأمريكية السابق يعيد الرؤية البريطانية التي ترسخت منذ عقود ليؤكد مجدداً بأنه إذا كان العالم دائرة مسطحة , فان الخليج مركزها , وان ما من مكان في العالم اليوم فيه كل هذا القدر من التقاء المصالح العالمية , وما من منطقة في مثل هذه الأهمية الأساسية لاستمرار استقرار العالم وسلامته الاقتصادية كمنطقة الخليج [55].

وفي الواقع , فان أهمية الخليج العربي الجيواستراتيجية تزداد مع تزايد الاحتياطات النفطية المكتشفة في بلدان هذه المنطقة . وحسب الدراسات التي صدرت فقد قفزت الاحتياطات المسجلة عام 1950 من 48 مليار برميل الى 592.6 مليار برميل عام 1990 , لتأتي الدراسات الحديثة لتؤكد بان المنطقة تجتم على اكبر احتياطي في العالم , بحيث يجعل من مساهمتها في الاحتياطي العالمي بنسبة 67% في عام 1990 [56]. لتقفز هذه الأرقام في منتصف عقد التسعينيات لتسجل بان كلا من السعودية , العراق , إيران , الكويت والإمارات العربية تملك حوالي 97% من احتياطي نفط العالم , وذلك حسب النشرة الإحصائية للطاقة في العالم 1996 التي أصدرتها شركة النفط البريطانية عام 1996 [57].

إضافة الى إن المنطقة تحتوي على كميات ضخمة من الغاز الطبيعي بحيث يمكنه أن يغير في السنوات القادمة صورة التزويد العالمي بهذه المادة بصورة جوهرية .

(55) عبد الرحمن النعيمي ,الصراع على الخليج , بيروت المركز العربي الجديد للطباعة 1992 ص10.

(56) سالم مشكور , نزاعات الحدود في الخليج ,مركز الدراسات الاستراتيجية والبحوث والتوثيق بيروت 1993, ص16.

(57) ناجي أبي غاد ,ميشيل جرينون,النزاع وعدم الاستقرار في الشرق الأوسط القاس, النفط, التهديدات الأمنية ,ترجمة محمد نجار , الدار الأهلية للنشر عمان 1999 , ص280-281.

وقد انعكس هذا من واقع إن معظم الغاز المكتشف في المنطقة مرتبط بالنفط الخام . فاحتياطي الغاز لستة دول في المنطقة وهي إيران ,قطر , الإمارات العربية , السعودية, العراق , الكويت ,تمثل حوالي96% من إجمالي منطقة الشرق الأوسط كلها [58]

ومن هنا , فقد امتزج الموقع الجغرافي للخليج العربي وباحتياطاتها الضخمة من النفط و إنتاجه الواسع , ليمنحه قوة جيوستراتيجية جعلت منه وما زالت أحد العناصر الرئيسية في التوازن الاستراتيجي الدولي , و أبعاد توظيفه في نطاق الاستراتيجيات الكلية الشاملة للقوى الدولية الكبرى وصراعات القوى الإقليمية . إن الموقع الجيوبوليتيكي الذي احتلته منطقة الخليج العربي لتجعل منه وخصوصاً في عصر التنافس الاستعماري الحاد كأحد عناصر القلب في التوازن الاستراتيجي الدولي . ومن ثم جاء النفط يكسب إقليم الخليج العربي أهمية استراتيجية تفوق أهمية أي إقليم آخر الى الدرجة انه تحول في اقل من نصف قرن الى ساحة صراع دولي لم تشهده أي منطقة اخرى في العالم , وظل يخضع في تكوين وحداته السياسية , وتخطيط حدودها بتلاعب القوى الدخيلة على المنطقة التي راحت تسعى لفرض نوع من السيادة العالمية لها . ومن الطبيعي إزاء منطقة تملك أهميتها الاستراتيجية ولا تملك إرادة الدفاع عن الذات أن تسعى تلك القوى ذات الطموح العالمي الى فرض التبعية عليها . ولا زالت هذه الحقيقة هي القائمة والمتحكمـه في علاقة منطقة الخليج العربي بالنظام الدولي [59] .

---

(58) المصدر نفسه ,ص289.

(59) محمد السعيد إدريس , النظام الإقليمي للخليج العربي ,مركز دراسات الوحدة العربية ,سلسلة اطروحات الدكتوراه (34) بيروت ,فبراير 2000 ص73 .

المبحث الثاني

التشكيلات الاجتماعية والسياسية لدول المنطقه

قبـل التطـرق الى توضيـح هـذه النقطـة لا بـد من الاشارة الى ان الشرعية التي استندت اليها هـذه التشكيلات هـي اساساً الشرعية الدينيـة وصولاً الى شرعية الحق التاريخي وشرعية الغزو القبلي وشرعية الأسر الحاكمـة . وقد توزعت هـذه النمـاذج في الشرعية في العديد من دول المنطقة ،ولا سيما التي لها جذور تاريخية فيها سواء كانت في السعودية او عُمّان او البحرين . فقد تمثلت الشرعية الدينيـة لـدى الأسرة الحاكمة في السعودية في الاستناد على دعوة الأمام محمد بن عبد الوهاب حيث مثل الوهابيون رأس حربة الجيوش السعودية في الاستيلاء علـى المناطق المجاورة وفرض هيمنتها السياسية والدينية على اجزاء واسعة من المنطقة(60) ، الامر الذي جعل شرعيـه الحق التاريخي في المطالبه بهذه المناطق تعد من ثوابت السياسه الخارجية السعودية ،وهـو مـا ظهـر جليـاً في ترسيمات الحدود السعودية مـع كل دول المنطقة وخصوصاً مع الإمارات واليمن ،وعُمّان وكذلك مـع الكويـت .وكانت الأسر الحاكمـة في البحرين قد تمسكت بشرعية العرف القبلي وحق القبيله كما تمثل في مطالبتها بمنطقة زبارة في قطر ،ثم انتقل الحال الى الاخذ بشرعية الأسر الحاكمة ودفع الضرائب ضمن القبيله، الامر الـذي سهل علـى البريطانيين توظيف هذه السلطات في فرض سيطرتها ،ورسم الحـدود بالشكل يـؤدي الى تقسيم المنطقة الى كيانات يسهل التعامل معها من خلال الاتفاقيات المعقودة مـع الأسر الحاكمة(61) .وعلى هذا الأساس فانه باستثناء العراق الـذي عـرف التكوينـات السياسية والأجتماعية (الدولتية) منذ زمن قديم ، وكان مركزاً للحضارة في العصر ـ الإسلامي بكل فتراته، وحقبه التاريخية واستوطنته أقوام عديدة، وتوافدت عليه غزوات متكررة اضافة الى

(60) سالم مشكور ،مصدر سبق ذكره ،ص 43.

(61) المصدر نفسه ،ص 44.

اليمن التي تتمتع بحكم الامامة منذ عهد الخلافة العثمانية ، فان بقية دول الخليج العربي لم تشهد تكوينات سياسية برزت بمعنى الكلمة إلا بعد أن أضحت سواحله موطنا للقبائل العربية التي تركت الجزيرة لتدهور أوضاعها الاجتماعية والاقتصادية ، وكذلك خلال الفتح الإسلامي في غزواته وفتوحاته . وإذا كان هناك من يسجل أول حضور سياسي فعال في هذا الساحل الطويل ، هو ماأوجده القواسم في عمان ، وكذلك أسرة آل بوسعيد الذين أسسوا إمبراطورية قوية ، ونظاماً سياسيا وراثيا ما زال قائما إلى الآن. أما بقية الإمارات والمشايخ ، وحتى المملكة العربية السعودية ، فأنها لا يمكن إرجاعها إلى أكثر من قرنين ، حيث استوطنت قبائل مهاجرة يسودها النظام الاجتماعي الذي يتربع على قمته شيخ العشيرة ، وحيث الانتماء للقبيلة ، ولا شئ يمكن أن يذكر عن الوطن ، أو الحدود ، التي كانت مجهولة ، أو حتى غير مدركة في مخيلة الإنسان البدوي الذي ينتقل من مكان إلى أخر ، وحسب ظروف الحياة التي تضطره على اتخاذ القرار في حياة صعبة ، حيث منطق القوة والغزو هو السائد إذ لم يكن مفهوم السيادة الإقليمية بمعناه الغربي معروفا أو موجودا في شرق الجزيرة العربية . وكان الحاكم (شيخ القبيلة) يمارس صلاحياته على أية ارض نتيجة الصلاحيات التي يملكها على القبائل التي تقيم فيها وكان أبناء القبائل بدورهم يدينون بالولاء إليه. فولاء العربي القبلي لقبيلته وشيخه أو زعيمه الكبير (62).

ولكن التطور التاريخي بمختلف مساراته ، ونتيجة للصراعات المحلية ، والتكالب الاستعماري على هذه المنطقة قد ادى لى صقل تجاربهم السياسية والاجتماعية ، وتأثرهم بالعلاقات الخارجية ، وساهم في بروز تكوينات سياسية وحتى دولتيه ((دويلة هرمز المشيخية)) على ساحل عُمان ، وكذلك بعض الإمارات مثل راس الخيمة والشارقة ، ناهيك عن الإمارات الأخرى التي كانت في الأصل تكوينات قبلية ، يمكن ان ترجع إلى قبيلة ((العتوب)) التي هاجرت من

(62) - جي . بي . كيلي، الحدود الشرقية الجزيرة العربية ، ترجمة خيري حماد ، منشورات دار مكتبة الحياة ، بيروت ، 1979 ، ص28-29

الجزيرة العربية والتي انضوت تحت ظلها قبائل أخرى تنتمي إلى قبيلة عنزه ، وهذا ما حصل في الكويت ، قطر ، والبحرين [63]. فدول المنطقة لا تربطها روابط الدين والعرق واللغة والثقافة والتاريخ والحوار ، بل هي ترتبط قبليا ، حيث الامتداد القبلي بين هذه الدول ، وفوق هذا وذاك تربطها روابط قرابة بين الأسر الحاكمة ، بمعنى وجود كثافة في الروابط الشخصية ما فوق القطرية بين أفراد بعض الأسر الحاكمة أو المتنفذة في المنطقة كنموذج أل خليفة وأل صباح والجلاهمة [64].

وفي مطلع القرن العشرين لم تكن المنطقة إلا مجموعة من المشايخ خضعت كلها للسيادة البريطانية ، حيث تم تقطيع أوصال عُمان وخسرت زنجبار وجزر كوريا وموريا وجزءا ساحل عُمان إلى إمارات متصالحة ، ووضعت مع بقية الإمارات الأخرى تحت الحماية ، إلى درجة انها لا تستطيع اتخاذ أي قرار إلا فيما يتعلق بالشؤون الإدارية الداخلية والتي نظمت حسب توجيهات المندوب السامي البريطاني ، الذي حافظ على ديمومة الطابع القبلي ، ونزاعاتها المستمرة ، وخصوصا الشخصية بين العائلة الواحدة . ومن أجل تأطير صورة كل أماره على حدة ، فأنه يتطلب منا تناول التكوينات الاجتماعية والسياسية لهذه الإمارات والمشايخ تباعا ، في الوقت الذي نركز فيه على المراحل التاريخية والسياسية لتكوين الدولة السعودية التي لها مشاكل حدودية مع الدول المجاورة لها ، ولكن حدتها نتفاوت مع هذه الدولة أو تلك طبعا لقوتها وأهمية المنطقة الستراتيجية ،وما تختزنه من ثروات بترولية . إذ أن المملكة العربية السعودية هي الدولة الوحيدة التي لها علاقات حدودية مع كل دول المنطقة بدون استثناء . ومن هنا تعددت مشاكلها التي ما زالت بدون حل حتى الآن [65]. إن

(63) يوسف محمد عبيدات : المؤسسات السياسية في دولة قطر ، بيروت / 1979 ص31 .

(64) محمد السعيد إدريس ، مصدر سابق ذكره ، ص194 ، وينظر كذلك أميل نخله أمريكا والسعودية:الابعاد الاقتصادية والسياسية والاستراتيجية دار الكلمة للنشر بيروت سنة 1980

(65) عبد الجليل زيد مرهون ، أمن الخليج بعد الحرب الباردة ، بيروت دار النهار للنشر ، 1997، ص131 .

شبه جزيرة قطر التي تحتل المساحة الواقعة بين رأس مسندم في نهاية الخليج بعمان والبصرة في جنوب العراق ، والتي تبلغ مساحتها عشرة آلاف كيلو متر مربع ، كانت تسودها العلاقات القبلية والتي بقيت في الماضي والحاضر . ظاهرة مستمرة من ظاهرات الحياة السياسية والاجتماعية في قطر ، حيث الأصل يرجع الى قبيلة عنيزه .

وأنها كانت محطة للعبور والاستيطان في نفس الوقت ، حيث انعدام الفاصل الجغرافي الذي يفصلها عن جزيرة العرب ، أضافه إلى طبيعة أرضها ، ومناخها ، والحياة الاقتصادية القائمة على البحث عما في جوف البحر من الرزق ، حيث سكنها المعاضيد ، والبوكوارة ، واقسام من بنومرة ، والمناصير ، والكعايرة ، وآل مانع والمراشيد ، والمطاوعة ، وأل بورحمة ، والعجمان ، والتمميمين الذين ترجع اليهم اسرة آل ثاني الحاكمة. وقد لعبت الأوضاع السياسية الداخلية والخارجية دورها المباشر في ضعف القبائل واضطرارها للارتحال الطوعي أو الاستكراهي [66] . وهذه الرقعة الجغرافية الصغيرة التي تشبه راحة الكف والتي كانت خاضعة للنفوذ العثماني من خلال ولاية البصرة ، قد حكمتها أسرة آل ثاني في أوائل القرن الثامن عشر ، حيث جدها الشيخ ثاني بن محمد بن ثامر بن علي من بني تميم , من اشهر قبائل مضر بن نزار ، الجد الأكبر الذي ترجع أليه هذه القبيلة . وقد استطاعت هذه الأسرة التحكم بالتركيبة الاجتماعية القائمة , والنظام الاقتصادي القائم على صيد اللؤلؤ، وصيد الأسماك , والصناعات الحرفية، والمراعى [67] . ولم يظهر لها كيان سياسي له صفاته المحددة , وإقليم له حدوده المستقلة الواضحة إلا في الثلث الأخير من القرن التاسع عشر , حيث استطاعت هذه الأسرة تجميع القبائل القطرية المستوطنة سياسياً واجتماعياً تحت أمرتها , بعد التخلص من الطامعين في سلطة الأمارة التي توطدت هيبتها في عام 1916 عندما ارتبطت باتفاقية حماية مع بريطانيا التي كفلت حماية الأسرة من أي اعتداء خارجي أو داخلي , حتى استقلالها في عام 1971 , ما عدا

---

(66) احمد العناني : المعالم الاساسية لتاريخ الخليج ، مصدر سبق ذكره ، ص90 .

(67) يوسف محمد عبيدات : المؤسسات السياسية في دولة قطر , مصدر سبق ذكره , ص39 .

النزاعـات الشخصية التي تحـدث داخـل الأسرة , وحسـب مقتضيات ممارسـة السلطة التي قامت على الاصل الوراثي , مثل بقية الإمارات الأخرى [68] . والتي تعتمد على خط وراثي من الأب إلى الابن , ولكن أحيانـا تناوبيـة وزكزكيـة. وقد صـدر أول دستور مكتوب الذي شكل النظام الأساسي المؤقت للحكم في قطر الذي نص على أن يتولى الأمير السلطة التنفيذية بمعاونة مجلس الـوزراء , ويصـدر القوانين بنـاء على اقتراح مجلس الوزراء وبعد اخذ راي مجلس الشورى [69]. إلا أن رغـم مـا نظمه هذا الدسـتور مـن أشكالية تـداول السلطة وخلافتها , فان الحيـاة السيـاسية القطريـة شهدت صراعـات متعددة بين الأسرة الحاكمة حيث الأيدي الأجنبية لها دورها الفعّـال في التغيـر , والتي كان أخرها في عام 1966 عندما أطاح الشيخ حمـد بـن خليفـة آل ثـاني بسلطة أبيـه في انقلاب ابيض [70].

وفي البحرين التي كانت اسبق وجوداً في ما يتعلق بتكوينات سياسية واجتماعية , وحيث كانت القوة , والموقع الاستراتيجي الـذي أثـار النزاعـات والمنافسات في المنطقة , فأنها لا يمكن أن تختلف أيضا في المراحل التي مر بها تكوينها الاجتماعي والسياسي , مـا عـدا أنهـا كانـت هـدفـاً لهجـرة أقـوام غـير عربيـة اسـتوطنتها أيـام الغـزوات الفارسيـة , والاسكندر المقدوني , وملك الفرس , وكذلك الهنود , وغيرهم, إضافة إلى القبائل العربية . حتى أنها رفعت في وقت واحد اكثر من علم واحد نتيجة للتنافس الأجنبي الـذي كانـت تعاني منه , وخصوصاً الإيراني الذي بقيت مشاكله ثائرة حتى النصف الثاني مـن القرن العشرين عندما أعلنت الحكومة الإيرانية في عـام 1958 بانضمام البحرين إلى أراضيها باسم الإقليم الرابع عشر من الأقاليم الفارسية , ومستندة إلى بعض الأسانيد التاريخية [71].

---

(68) صلاح سالم زرتوقة : أنماط الاستيلاء على السلطة في الـدول العربيـة , مكتبـة مدبولي القاهرة 1992 , ص225 .

(69) صبري الهيتي , مصدر سبق ذكره , ص268 .

(70) ناجي ابي عاد , ميشيل جرينون , مصدر سبق ذكره , ص59 .

(71) يسرى الجوهري , مصدر سبق ذكره , ص368 .

ومما جعل تركيبتها السكانية تضم غالبية من الشيعة واقلية من السنة التي تنتمي اليها الأسرة الحاكمة آل خليفة الـذين ينتمـون الى قبيلة العتوب او عـرب عبتة. حيث استطاعت هذه الأسرة من توحيد القبائل التي استوطنتها من بكر وتميم من ربيعه ، وكانت أيضا موطنا للثورات مـن صاحب الـزنيح حتى القرامطة ، حيث ان موقعها الاستراتيجي كان موقعـا مغريـا للسيطرة عليها ، أو الانفصال عـن القـوى المسيـطرة والمتنافسة على منطقة الخليج العربي إذ ان جزرها المثناترة في مياه الخليج ، شكلت نقطة جذب ، واستيطان من كثير من الأقوام المبحرة في مياه الخليج (72).

ولقد استطاعت الأسرة الحاكمة وابتداء من عام 1820 ، عنـدما وطدت سلطتها على هـذه الجـزر ، ومكونه نظـام سيـاسي واجتماعي متماسك في تدريجيته ، ارتبطت بالإمبراطورية البريطانية بسلسلة من الاتفاقيات ومعاهدات الحماية التي ما زالت سارية المفعول رغم الاستقلال الذي أعلن في أغسطس عـام 1971 ، حيـث تم تشكيل المجلس الإداري للدولة يتألف من تسعة أعضاء معظمهم من الأسرة الحاكمة، والذي تحول إلى مجلس الوزراء برئاسة شيخ من أسرة آل خليفة ، ومجلس تأسيسي- (البرلمان) الـذي اقر الدستور وبقية المؤسسات الأخرى للدولة (73). والبحرين كغيرها مـن دويـلات الخليج العربي ،وقبل اكتشاف البترول ، كان يسودها نظاما اقتصاديا قائما على صيد اللؤلؤ ،وصيد الأسماك ، والتجارة مع المحيط الخارجي،إضافة إلى أنها كانت مـن المرافـئ الإستراتيجية لاستقبال السفن ، ومحطة للتموين والتصليح ، كـما ازدهـرت فيها تجارة العبور وهي النشاط التقليدي في الارخبيل الذي يستورد ثم يصدر لجيرانه كميات كبيرة مـن مختلف البضائع (74). والكويت كغيرها من دول الخليج العربي ، كانت قضاءا تابعا لولاية البصرة في العهد العثماني ، وتعرضت أيضا إلى محاولات عدة من قبل القوى الاستعمارية إلى

---

(72) خلد العزي : الخليج العربي في ماضيه وحاضره ، مطبعة الجاحظ ، بغداد ، 1972 ص104.

(73) المصدر نفسه ، ص 112 - 113 .

(74) قدري قلعجي : الخليج العربي ، دار الكاتب العربي ، بيروت ، 1965 ، ص649 .

أن استقر حالها تحت السيطرة الاستعمارية البريطانية بموجب معاهدة عام 1899 ، مثل بقية المعاهدات الأخرى التي سرت على الإمارات والمشايخ . وكان من الممكن ان تنتزع الكويت من قبل السعوديين عندما كانوا يحاولون توسيع حدود مملكتهم في الشمال الشرقي ، إلا أن بريطانيا ألحقتها بالعراق بموجب معاهدة عام 1913 [75].

وقد استوطنت الكويت الكثير من القبائل العربية المهاجرة صوب العراق ، ولاسيما قبائل عنيزة ، ومن بينها العتوب الذين استقروا في هذه الأرض إلى الجنوب من مدينة البصرة ، وكانت مركزا تجاريا ، ومجالا لصيد الأسماك ، وصيد اللؤلؤ وهي المهن التي التجأت أليها القبائل التي استوطنت المنطقة ، ومن بينهم أسرة آل صباح وآل خليفة . وهما فصيلتان من قبيلة العتوب الذين وفدوا إلى ارض الكويت بحدود الربع الأول من القرن الثامن عشر ، ألا انهم لم يحكموا الكويت التي كانت تحت حكم سعدون بن محمد بن غديد من بني خالد الذي يعود لهم الفضل في بناء الكويت أي ((القلعه)) لتكون مركزا لصيد الأسماك [76]. إلا أن النزاعات بين أفراد عائلة بني خالد ، سهلت لآل الصباح الاستيلاء على السلطة . ومن خلالها وطدوا أقدامهم في البلاد ، من خلال تأسيس بعض الهياكل الإدارية والسياسية تحت أمرة الأمير الذي ساند الوهابيين في دعوتهم السياسية والدينية ، والبريطانيين في استعمارهم للمنطقة ، واللعب على تناقضات الأضداد القائمة : الوهابيين والبريطانيين ، والعثمانيين [77]. ولكنها رأت أن أفضل السبل لضمان بقاء الأسرة على سدة الحكم هو الاصطفاف مع بريطانيا التي حاولت ضمان أمن الأسرة . ألا أنها لم تستطع أن تعطي الحدود السياسية الحقيقية لهذه الأمارة ، خاصة وأن بريطانيا

---

(75) عبد الله فؤاد ربيعي ، مصدر سبق ذكره ، ص74

(76) احمد مصطفى ابو حاكم : تاريخ شرقي الجزيرة العربية ، ترجمة امين عبد الله ، منشورات دار الحياة ، بيروت ، سنة 1965 ، ص73-77.

(77) المصدر نفسه ، ص193 .

كان يهمها أن يبقى هذا الأمر غير محدد لابقاء سيطرتها ، وبالتالي لا تستطيع فرض الامر الواقع ، أمام حقائق تاريخية لا يمكن تجاهلها ، ما عدا أنها استطاعت أن تحد من أطماع أل أسعود من توسيع حدود مملكتهم وبالاتجاه الذي كانوا يتوجهون إليه ، ومن خلال منطق القوة الذي استخدموه مع اليمن ، وبقية المشايخ الأخرى ، التي شعرت بالخطر السعودي فتحالفت مع بعضها في إطار المظلة البريطانية ، ليخرج إلى الوجود اتحاد الإمارات العربية المتحدة في عام سنة 1971 .فهذا الإطار الدولتي القائم على عدد من المؤسسات الاتحادية ، كان في الأصل يتكون من عدد من الإمارات والمشايخ التي مرت في مسيرة التطور التاريخي والسياسي ، حتى وصلت إلى ما هي عليه الآن ، من دولة قائمة ، ومعترف بها . كغيرها أيضا كانت محطة للهجرات العربية وغبر العربية ، وهدفاً للغزوات الاستعمارية والحروب المتطاحنة فيما بينها ، وبين الأسرة الحاكمة نفسها ، حيث أقدمها آل نهيان من قبيلة العتوب آل فلاج ، وهي نسبة إلى المنطقة الكائنة في نجد ، وقبل نزوحهم إلى المنطقة . حيث تناثروا ما بين قطر ، والبحرين وكذلك الكويت ، والساحل العماني ، إذ برزت الإمارات التي لا تتجاوز مساحتها على 1500 ميل مربع مثل عجمان ، وام القوين ، ورأس الخيمة ، والفجيرة والتي كانت قبل اكتشاف النفط لم تستطع أقامة حتى مركز تعليمي واحد ، وكانت تحت سلطة القواسم التي قضىـ عليها الإنكليز فيما بعد[78] .

والسمة البارزة في دولة الإمارات العربية المتحدة ، بتكوينها السياسي الحالي ، في إنها تعود إلى اصل عربي واحد ، وصلات القربى والنسب القائمة هي مظهر من المظاهر العلاقاتية - العائلية المستندة على الطابع القبلي إضافة إلى الأقوام الأخرى من الدول غير العربية التي وجدت لها مستقرا في تشكيلاتها الاجتماعية التي يقف على رأسها قبيلة بني ياس ، وقبيلة البوفلاح (أو أبو فلاج) . وهي القبيلة القيادية لإمارة أبو ظبي تحت زعامة آل نهيان وأفرادها ، إضافة إلى الرواشد ، الهوامل ،

(78) قدري جلغي ، ص665 ، واحمد مصطفى أبو حاكم ، ص74 .

والمحاربة ، القبيسات ، والرميثات [79] وكانت أوضاعها الاقتصادية قبل اكتشاف البترول تعتمد على التجارة ، وصيد اللؤلؤ حيث انه كان يقدر عدد السفن التي امتهنت صيد اللؤلؤ وتجارتها بحوالي 1500 سفينة [80] .

ويبدوا أن أولى العلاقات التي أقامتها بريطانيا مع المنطقة كانت مع مشايخ وإمارات ساحل عُمان ، وذلك عندما بدأت شركة الهند الشرقية البريطانية تتدخل في شؤون الخليج العربي ، وتبحث عن موطئ قدم تحت أي حجة كانت وبعد إزاحة كل المنافسين من أمامها ، إلا ان اصطدامها بالقواسم وقوتهم البحرية قد أعاق من تقدمهم ، وتحقيق مطامعهم . مما جعلهم يغيرون من أساليبهم في مقاومة القوى البحرية المحلية إذ بدأت أول الأمر بالتجارة مع العرب ، ومن ثم فرض نفوذها السياسي على بعض المشايخ إلى ان تم لها ربطهم بالمعاهدات البحرية إذ سميت هذه السواحل ((بالساحل المتصالح)) مع بريطانيا لتحقيق أهدافها ، والمحافظة على تجارتها من القرصنة . ثم أعقبتها أيضا الاتفاقيات السياسية والتي كانت نقطة تحول من الناحية السياسية [81] .مما جعل هذه الإمارات والمشايخ تدور في فلكها وتسير في توجيهات المندوب السامي البريطاني .

وكان تمثيلها خارجيا وفق صيغ الحماية حتى بداية عقد السبعينات عندما قررت بريطانيا الانسحاب ، مخلفة ورائها ركام هائل من المشاكل السياسية والحدودية ، التي سرعان ما اندلعت باحتلال الشاه ايران للجزر العربية التابعة لدولة الإمارات العربية المتحدة ، وخلافات حدودية عراقية - كويتية ، وسعودية _ كويتية ، وسعودية

---

(79) محمد حسن العيدروس: التطورات السياسية في دولة الامارات العربية المتحدة دار السلاسل ، الكويت ، سنة 1979،ص81-20

(80) المصدر نفسه ، ص 665

(81) محمد حسن العيدروس: التطورات السياسية في دولة الامارات العربية المتحدة دار السلاسل ، الكويت ، سنة 1979،ص81-20.

- قطرية ، وسعودية - يمنية ، بحيث لم تمر سنة حتى وان هناك أزمة حدود التي هي في الواقع أزمة سياسية بين نظامين لا اكثر ولا اقل ، وبهدف تحقيق أهداف أخرى ، ولاسيما بعد أن ظهر البترول بكمياته الهائلة وإيراداته الضخمة ، وتحويله إلى مادة إستراتيجية في الاقتصاد الدولي ، مما جعل التنافس عليه يثير مختلف الأزمات ، والتي وجدت لها أدوات جديدة في الانفجار ، تختلف عما كان يجري في السابق من خلال الحملات الاستعمارية . وأتبعت سياسات تختلف عما كانت تفرضه خلال فترة الحماية ووضعت قواعد للتعامل الدولي والإقليمي غير ما تم الاتفاق عليه في إطار المنظمات الدولية . فالمملكة العربية السعودية التي نشأت إلى أساس منطق القوة والاحتلال لأراضي لإمارات ومشايخ الخليج العربي ، والدخول في مساومات وتنازلات على حساب الغير ، لم يعد قائما الآن وخصوصا عندما تثار بعض المشاكل الحدودية ما بين السعودية وجيرانها . ومن هنا فلا بد الرجوع إلى الخلف لمعرفة كيف نشأت السعودية ، وكيف استطاعت توسيع حدودها .

لقد انفردت المملكة العربية السعودية بتكوين سياسي واجتماعي ، وديني خاص متميز عن بقية دول المنطقة ، حيث أنها انطلقت في نشأتها من خلال دعامتين ، أو ركيزتين هما : الدينية التي تجسدت في دعوة محمد بن عبد الوهاب والدعامة السياسية التي تجسدت في طموحات ابن سعود في بناء كيان سياسي خاص , ومستقلاً عن العثمانيين . حيث كانت الانطلاقة الأولى في عام 1744 عندما قرر محمد بن اسعود إن يحقق ما جال في مخيلته ، وجمع شمل عشيرته وأسرته إلا إن محاولته أجهضت من خلال الهجوم الذي قام به الجيش المصري على منطقة نجد في عام 1818. كما جرت محاولة اخرى على يد الأمير السعودي تركي بن عبد الله آل سعود الذي أراد أن يقتفي اثر والده في بناء الدولة المنافسة للعثمانيين سياسياً ودينياً، وكذلك ضد الطموحات التوسعية التي عبر عنها والي مصر محمد علي . إلا انه ، إضافة الى التحديات الخارجية , فقد واجهه تحدي أسرة آل رشيد التي كانت قد أحكمت سيطرتها على الرياض , مما اجبر أسرة آل اسعود ونتيجة لضعف قوتهم بالانكفاء نحو الصحراء , والهجرة الى البحرين , ومن ثم الى الكويت تحت إمرة

الشيخ مبارك الصباح [82]

وفي المنفى اختمرت جميع الأفكار والخطط لبناء عرش آل أسعود , في مخيلة الشاب عبد العزيز بن عبد الرحمن الفيصل آل أسعود الـذي قرر مواصلة الكرة مـن جديد والانطلاق على راس قوة كبيرة في الاستيلاء على الرياض عام 1902 , وقد بداء الغزو واضحاً في التحالفات مـا بـين آل رشيد يساندهم الأتراك , وآل أسعود الـذي احسنوا التعامل مع بريطانيا والحصول منها على وعـود غير الوعـود التي قطعت الى الشريف حسين في بناء الدولة العربية الكبرى ,إذ توصل عبد العزيز آل أسعود في عـام 1916 إلى معاهدة مع بريطانيا التي اعترفت بمقتضاها على كون عبد العزيز حاكماً شرعياً على نجد و الاحساء , هذه المعاهـدة التي تزامنـت مـع اتفاقيـات سايكس -بيكو التي وضعت الأجزاء الأخرى من المشرق العربي تحت وصاية الانتداب , و إعطاء فلسطين كوطن قومي لليهود . في حين أن مراسلات حسين - مكماهون كانت قد وعدت الشريف حسين مقابل ثورته ضد الأتراك بتحقيق كل طموحاته القومية [83].

ومقابل وقوف السعوديين مع المجهود الحربي البريطاني , او حتـى علـى الحيـاد , اضطرت بريطانيا الى التنازل لعائلة آل أسعود علـى منطقتـي الاحساء والقطيـف , وقـد كانت مجالات التحالف قد اتخذت أبعادا أوسع منذ عام 1916 عنـدما قـررت بريطانيا تعيين مندوب سامي بريطاني في الرياض لتنسيق الجهـود والاتصالات في إضعاف النفـوذ التركي .

وباندلاع الحرب العالمية الأولى فقد كانت في شبه الجزيرة العربية خمس إمارات تتمتع الى حد كبير بالاستقلال عن سلطة الخلافة العثمانية:

(82) السـيد احمد حسـن احمـد دحـلان:دراسـة في السياسـة الداخليـة للمملكـة العربيـة السـعودية,دار الشروق,جدة/ 1981 ص22

(83) فؤاد عبد السلام الفارس : قضايا سياسة معاصرة , مؤسسة تهامة ,جدة , السعودية 1982 , ص26 .

1 / مملكة الحجاز تحت حكم الملك حسين شريف مكة .

2 / سلطة نجد تحت حكم السلطان عبد العزيز بن أسعود في الرياض .

3 / اليمن ويحكمها الإمام يحيى من صنعاء وقد حصل على الاعتراف السعودي والبريطاني والتي تعد ذا تكوين سياسي واجتماعي اقدم كل دول المنطقة .

4 / إمارة شمر ويحكمها ابن رشيد في حايل .

5 / إمارة الادريسي في عسير .

وكانت تسود هذه الإمارات الخمس علاقات قائمة على التنافس والعداوة(84). ولقد استطاع عبد العزيز ابن أسعود من استغلال ظروف الحرب بكل مساراتها من اجل تأسيس مملكتة وإزاحة كل الإمارات القائمة واحدة بعد الأخرى, ولا سيما وان بريطانيا التي كان يهمها كسب الحرب وتوزيع غنائم الرجل المريض اكثر من يهمها الوعود التي قطعتها للشريف حسين الذي وجد نفسه وحيداً أمام قوة عبد العزيز ابن اسعود الذي أسقط أسرة آل رشيد , وتمكنت القوات السعودية من الاستيلاء على جده التي كانت نهاية المطاف في حكم الهاشميين على الحجاز الذين انتقلوا الى شرق الأردن , وسوريا , حيث طردهم الفرنسيون , لينتقلوا الى عرش العراق .

وإذا كانت الحرب العالمية الاولى قد أفرزت معطيات سياسية , واجتماعية جديدة في المنطقة العربية , وإزاحة محتل ارتدى ثوباً يستر فيه سياسته العنصرية وضد القومية العربية فإن هذه الحرب جاءت بمحتل اخر بموجب صكوك الانتداب الذي أضفى الشرعية القانونية على تقسيم المشرق العربي الى دويلات صغيرة وتكوين تشكيلات عرقية , وطائفية موزائيكية وغرسها في الجسم العربي , ناهيك عن المحاولات التهويدية لفلسطين , وجعلها موطناً ليهود الشتات . وفي هذه الظروف وآل أسعود يوطدون سلطتهم , ويوسعون حدود مملكتهم التي أعلنت رسمياً في عام 1932 بعد العديد من المعاهدات والاتفاقيات مع بريطانيا وخصوصاً . اتفاقية

---

(84) عبد الله فؤاد ربيعي : قضايا الحدود السياسية لسعودية , مصدر سبق ذكره , ص 13 .

1927 التي اعترفت للسعوديين بسيطرتهم على الحجـاز ونجد وملحقاتها وضم بعض الأراضي الى حدودها والتي كانت تابعة للأراضي الكويتية , وكذلك قسم من الحدود العراقية وخصوصاً منطقة جبل شمس الذي ضم الى الحدود السعودية [85]. وكـان مـن الطبيعي جداً في هذه التكوينات الدولتية الناشئة بظروف مصطنعة , وخارجيـة , وليس عن طريق التطور التاريخي القائم على المراحل التاريخية أن يتحول نظام الحكم مـن التنظيم القبلي الى الحكـم القبلي , و أضحت القبليـة شكلاً خاصاً مـن التنظيمات الاجتماعية وطرفاً من الأطراف السياسية في الدولة تهيمن على الحكم , بشكل واضح في إطار هيكلية , ومؤسسية اتسمت بـه دول هـذه المنطقة عـن غيرهـا في التكوينـات السياسية الأخرى في المنطقة [86]. إلا ان ما يميز هذه الأنظمة السياسية أيضا هو في صيغة العلاقات الداخلية , حيث الروابط السلالية بـين الأسر الحاكمـة , وحيث كثافة الـروابط الشخصية بين افراد الأسر الحاكمة او النافدة في المنطقة , حيث النمـوذج في افراد قبيلة العتوب المنتشرة في كل ساحل الخليج من الكويت بآل الصباح والى آل خليفة و الجلاهم , أبناء نسل واحد , منحدرون من قبيلة عنزة النجدية . وهذا ما رمى بثقله على شبكة التحالفات الإقليمية والدولية , حيث المحاور , والتكتلات بين عدد من الدول عـلى الـرغم من الإطار التنظيمي المتمثل في مجلس التعاون الخليجي الـذي سـاهم في فقـدان هـذا " النظام الإقليمي الوحدة والتجانس " . فأن هذا النظام بقدر ما هو متميـز عالميـاً بنفطه واحتياطاته الاستراتيجية فأنه اخذ يعرف الآن بتعدد الصراعات والخلافات الحدودية التي وصلت الى النزاعات المسلحة , مما أفسح المجال للتدخلات الخارجية , حيث وجدت فيها الدول الصغيرة مظلة أمنه ضد خطر الدول الكبرى الإقليمية [87].

---

(85) المصدر نفسه , ص 35 .

(86) عبد الجليل مرهون:مجلس التعاون الخليجي والنظام الإقليمي,مجلة شؤون الأوسط,بـيروت,العـدد 11/ 8/ 1992 ص58

(87) عبد الخالق عبد اللـه : التوترات في النظام الإقليمـي الخليجـي,مجلـة السياسـة الدوليـة, العـدد 132 / أبريل 1998, ص22 .

وفي الواقع , فان حدود دول المنطقة هي حدود مصطنعة وغير طبيعية , لا بـل إنها من صنع قوى استعمارية , وخصوصاً بريطانيا التي رسـمت حـدود هـذه الـدويلات والمشايخ ليس على أساس أعتبار رغبات شعوبها وإنما على أسـاس المصلـحة الاستعمارية وإعتبار مدى قبول القوى الدولية الأخرى لهذا الترسيم للحدود بين دول المنطقة , وهـذا ما جعل التطابق غير مكتمل بين حدود كل كيان والتطلعات الوطنية لشعبه , مـما ولد نتائج سلبية لهذا الترسيم تتجاوز نطاق المنازعات والصراعات الحدودية الى مشاكل اخرى لا تقل خطورة وأبرزها :

- شيوع ظاهرة عدم الاستقرار السياسي داخل أنظمة الحكم السياسية .

- اختلال التوازن بين دول المنطقـة , حيـث هنـاك الـدول الكبـيرة التي مـا زالـت لهـا مطالبها التاريخية , والدول الصغيرة التي تخشى الإبتلاع , و أضحى الهاجس الأمنـي شغلها الشاغل الأمر الذي جعلها ترمي بأحضان القوى الخارجية عن الإقليم (88) .

فكل دولة ترى إن لها امتدادات جغرافية في أراضي دول او دولة اخرى , وهـذا معناه عدم تطابق الدول بحدودها الجغرافية مع ما تمثله من أمة ومن شعب . الامـر الذي جعل من معضلة الحدود التي تواجههـا دول المنطقـة مـن اعقـد المشاكل التي مازالت تعيقها في بلورة سياسة خليجية موحدة بصدد العديد مـن القضايا ورمت بثقلها على الية عمل مجلس التعاون الخليجي لا بل ان المسالة اعقـد مـن كـل ذلـك ،حيث ان بريطانيا لم تكفي بالترسيم الاعتباطي للحدود عـلى وفـق مصـالح شركاتهـا النفطية ,وتنافس القوى الامبريالية , الجديده ،وانما ادخلت ظاهرة المناطق المحايـدة بين دول المنطقة ،التي على الرغم من حلها مؤقتاً بالاقتسام مناصفه

---

(88) محمد السعيد إدريس , مصدر سبق ذكره , ص 196-197 , وينظر كذلك غسان سلامة , المجتمع والدولة في المشرق العربي , بـيروت مركـز دراسـات الوحدة العربية , 1987. وكذلك خلـدون حسن النقيـب , المجتمع والدولة في الخليج والجزيرة العربية , بيروت , مركز دراسات الوحدة العربية , 1989 .

الا انها مرشحة للانفجار بين لحظة واخرى وخصوصاً بين السعوديه والكويت
،حيث ان هذه المناصفة في تقاسم الثروات النفطية مرهونه بالتوصل الى رسم الحدود
البحرية التي مازالت محل جدال كما سنأتي على ذكر ذلك في الصفحات القادمة .

الفصل الثاني

2

خلافات الحدود السعودية مع دول الخليج والجزيرة العربية

المبحث الأول: خلافات الحدود السعودية مع العراق والكويت.

المبحث الثاني :الخلافات السعودية مع الامارات وعُمان .

المبحث الثالث : خلافات السعودية القطرية .

المبحث الرابع: خلافات الحدود السعودية مع البحرين ، اليمن.

المبحث الأول

خلافات الحدود السعودية مع العراق والكويت

من الطبيعي جداً في منطقة مثل منطقة الخليج العربي حيث المصالح الاستعمارية الامبريالية وثرواتها البترولية الهائلة التي تقدر أحتياطاتها بمليارات الأطنان ، وحيث انها في مجملها تسبح على بحيرة من نفط ، فأن ما يميز الحدود السياسية هو انها كانت وما زالت ليس فقط محط صراع وخلافات مستمرة ، وأما اقل تحديداً وتوصيفاً من أي منطقة اخرى في العالم مما ادى إلى كثرة الاحتكاكات التي سرعان ما تفضي ـ إلى حروب ومشاكل داخلية ، اضافة إلى أن المعاهدات والاتفاقيات التي تم بموجبها تخطيط الحدود وترسيمها لم تكن بمحض ارادة هذه الدول وانظمتها السياسية ، وانما فرضتها ، وما زالت تفرضها قوى خارجية ، استعمارية طبقاً لمصالحها الاستراتيجية ، متجاهلة عن عمد من كون الحدود السياسية تمثل ركناً اساسيا في وجود الدولة وسيادتها الاقليمية والوطنية [90] .

الخلاف السعودي - العراقي

في الواقع أن الخلاف السعودي - العراقي على الحدود يمثل خلافاً بسيطاً ، واقل سخونة من بقية الخلافات الاخرى التي انشغلت بها السياسة الخارجية

---

(89) تعرف الحدود السياسية بأنها خطوط ترسم على الخرائط تبين الاراضي التي تمارس فيها الدولة سيادتها والتي تتمتع فيها هذه الدولة وحدها بحق الانتفاع والاستثمار وبدخل ضمن اراضي الدولة ورقعتها السياسية المسطحات المائية التي تقع داخلها سواء كانت انهار أو بحيرات أو قنوات وكذلك اجزاء البحار التي تجاوز شواطئها والتي تعرف بالمياه الاقليمية وطبقات الجو التي تعلوها وعند هذه الهطوط تنتهي سيادة الدولة وتبدأ سيادة الدولة الاخرى . ينظر في ذلك هادي احمد مخلف : الجغرافية السياسية ، دار أقرأ ، اليمن ، 1993 ، ص 55 .

السعودية منذ أنشأها حتى الوقت الحاضر . وهذه البرودة متأتية بالدرجة الأولى من كون مناطقها الحدودية صحراء قاحلة ، وأثبتت الاستكشافات البترولية بأنها خالية من البترول ، وبالتالي لا يمكن أن تثير المنافسات أو التدخلات الخارجية . وثانياً لكون الدولتين استطاعا التوصل إلى تسويتها بالطرق السلمية وخصوصاً لقوة النظامين السياسيين في بغداد والرياض ، سواء كان في الماضي أو الحاضر ، على الرغم من أن الوهابيين قاموا في اكثر من مره بالأغاره على العراق ونهب العتبات المقدسة في النجف وكربلاء ، وخصوصاً في نهاية القرن التاسع عشر ـ وبداية القرن العشرين إلا انهم لم يستطيعوا التحرش بالحدود العراقية ، عندما كان العراق مكون من ولاية الموصل ، وبغداد والبصرة وخاضعاً للخلافة العثمانية ، اذ برزت بعض المشاكل الحدودية في طور تأسيس المملكة العربية السعودية إلا أن بريطانيا التي كانت انظارها تتجه صوب العراق استطاعت ومن خلال التفويض الذي خولها بالتصرف بشؤون العراق السياسية والادارية أن تتوصل إلى اتفاقية المحمره في الخامس من مايو 1921، الذي كان اول تنظيم للحدود العراقية - السعودية ، والتي ضمت جبل الشمس إلى السعودية ، كما اعقبها التوصل إلى اتفاقية في شهر نوفمبر 1925 التي نظمت عملية تنقل القبائل البدوية عبر الحدود الشمالية بين نجد والعراق ، وتحديد الحدود الفاصلة أيضاً بين نجد ومناطق الانتداب البريطاني في العراق وشرق الاردن [91] . واذا كان مؤتمر المحمره الذي عقد في شهر مايو 1921 برعاية المندوب السامي بيرس كوكس والذي حدد بقلمه الاحمر حدود السعودية والعراق ، واعتبرته الرياض غبناً لحق بها فقد قلص بالمقابل حدود الكويت من 45 الف كم^2 إلى حوالي 28 الف كم^2 وضمت هذه الاراضي لمملكة أبن اسعود في نجد [92] . وهذا ما تمخضت عنه اتفاقية العقير الاولى عام 1922 التي حضرتها ثلاثة وفود : الوفد

(91) عبد الله فؤاد ربيعي : قضايا الحدود السياسية للسعودية ، مصدر سبق ذكره ، ص 35 .

(92) شاهر الرواشده : دول مجلس التعاون الخليجي في الميزان ، دار الإبداع ، عمان الاردن / 1991 ، ص 57 ، ويقارن صبري الهيثي ، مصدر سبق ذكره ، ص 280 .

السعودي ، والوفد العراقي مثله صبيح بك نشأت ، ومندوباً عـن الكويت ممثلاً بالمندوب السامي بيرس كوكس . وقد كان طلب الوفد العراقي بأن حـدود العراق تمتد إلى مسافة اثنى عشر ميلا من مدينة الرياض لكي تشمل الهفوف والقطيف وحائل والمدينة وينبع . وكان ابن أسعود يطالب بأن تمتد اراضيه في نجد شمالاً لكي تضم حلب وكافه الأراضي الواقعة شرقي الفرات والممتدة من البصْرة حتى الخليج العربي . وأعلن ابن أسعود أن ممثليه في المحمره عملوا بعكس تعليماته عندما وافقوا عـلى وضع خط ثابت للحدود بين العراق ونجد ، ولذا فهو يرى وضع حدود عشائرية تصنف بمقتضاها القبائل التابعة لكل طرف من اطراف النزاع ، وتضمن بواسطتها حقوق العشائر .

وقد أصر مندوب العراق بأنه لن يقبل بأي تخطيط للحدود يعطيه اقل من مائتي ميل إلى الجنوب من نهر الفرات [93] .

وازاء تباين وجهات النظر ، فقد قرر كوكس ترسيم الحدود بنفسـه بصرف النظر عن كل الاعتبارات ، ثم اخذ قلماً ورسم على خريطة لشبه الجزيرة العربية خطاً للحـدود يمتد من الخليج العربي إلى جبل عنيزات بالقرب من حـدود أمارة شرق الاردن ، وبـذلك فقد اعطى للعراق مساحة كبـيرة مـن الاراضي التـي تـدعي نجد ملكيتها وارضـاء لابن أسعود حرم الكويت من ثلثى اراضيها بحجة أن سلطة آل صباح في الصحراء باتت اقل مما كانت عليه يوم وضعت الاتفاقية التركية - الانكليزية عام 1913 والتي ابقت الكويت قضاءاً تابعاً للبصرة تحت ظل الولاية العثمانية [94] .

كما أن مؤتمر العقير قد ادى إلى تحديد منطقتين ، إلى الجنوب والغرب من

(93) سالم مشكور ، نزاعات الحدود ، مصدر سبق ذكره ، ص 108 .

(94) بدر الدين عباس الخصوصي : معركة الجهراء ، ذات السلاسل ، الكويت ، بدون تاريخ ، ص 147 ، وقارن مع محمد متولي ، حوض الخليج العربي ، القاهرة ، مكتبة الانجلو ، المصرية 1975 ، ص 562 .

الكويت ، حيث اعلـن انهمـا سـتكونان محايـدتين سـميت الاولى منطقـة الحـدود الكويتية المحايدة مع السعودية ، والاخرى منطقة العراق المحايدة . كما أن اجتماعـات العقير قد أقرت اتفاقيتين لتحديد الحدود بين نجْد والكويـت التي تبـدأ غربـاً مـن وادي العوجه بالباطن وتكون "الرقعى" إلى نجْد ومن هذه النقطة تمتد على خط مستقيم إلى حين تلتقى بالخط التاسع والعشرين عرضـاً مـن الأرض بنصـف الـدائرة الحمـراء حسـب اتفاق عام 1913 وتنتهي عند الساحل الجنوبي لرأس "القلعة" لاراضي الكويت [95] . امـا فـي ما يتعلق بالحدود العراقيـة -الكويتيـة التي سنأتي على تفصيلها في نقطة خاصة ، فقـد تـم التأكيد على ما تم الاتفاق عليه في عام 1913 بين إنكلترا والإمبراطورية العثمانية .

وفي مؤتمر العقير تم تذكير أبن اسعود بما تم الاتفـاق عليـه مـع بيرس كـوكس في أتفاقية عام 1915 ، حيث جاء في البند السادس من الاتفاقية ، يتعهـد أبـن أسـعود كـما تعهد والده من قبل بأن يمتنع عن كل تجاوز وتدخل في ارض الكويـت والبحريـن واراضي مشايخ قطر وعمان وسواحلها ، وكل المشايخ الموجودين تحت حماية انكلترا والذين لهـم معاهدات معها . كما أن اتفاقية جده التي أبرمت عام 1927 التي افصحت عـن اعتراف بريطانيا المطلق باستقلال أبن أسعود وأكدت على احـترام وعـدم تجـاوز حـدود الكويـت والبحرين واراضي قطر والامارات المتصالحة [96] .

ويبدو أن هذا القيد الذي وضعته بريطانيا على السلوك الخارجي السعودي ، جاء نتيجة للغزوات التي قـام بهـا الوهـابيين ضـد الكويـت وخصوصـاً عنـدما قـام آل صبـاح بمساعدة أل رشيد بتوطيد إمارتهم ضد آل أسعود ، وكذلك تحـرش السـعوديين بالعشـائر المتنقلة في الصحراء العراقية ، أضافة إلى مطامع السعوديين تجاه سواحل

(95) بدر الدين عباي ، مصدر سبق ذكره ، ص 149 ، وقارن مع سالم مشكور ، مصدر سبق ذكره ، ص 109 .

(96) محمد حسن العيدروس : التطورات السياسية في دولة الامارات ، دار السلاسل ، الكويت ، ص 155 .

الخليج العربي ، والواحات المتنازع عليها ، وكذلك الجزر التابعة للكويت والامارات وعُمان ، وبقية المناطق الاخرى بهدف نشر ـ المذهب الوهابي . كما أن المسألة اخذت اهمية خاصة عند الاكتشافات البترولية التي ادت إلى وصول الخلافات على الحدود حتى الحرب ما بين اطراف عدة غذاها بشكل اساسي التنافس الانكلو - امريكي والامتيازات إلتي منحت إلى الشركات البترولية ، حيث أن هذه الشركات اصبحت تمثل وخلال اكثر من عقدين ، تمثل 60% من مجموع الشركات النفطية العاملة في المنطقة [97] .

واذا كانت الخلافات السعودية - الكويتية قد تم تأطيرها بالمعاهدات السابقة والحماية البريطانية للكويت حتى استقلالها ، على الرغم من بعض المحاولات السعودية للاستيلاء على الجزر العائدة للكويت ، وتقسيم امتيازات التنقيب والاستكشاف عن البترول في المنطقة المحايدة ، فأن العلاقات السعودية مع العراق مرت بمراحل متعددة وخصوصاً قبل الاعلان الرسمي عن استقلال الدولتين ، حيث جرت محاولات عدة بهدف التوصل إلى اتفاقيات ، ومعاهدات تنظم الحدود بين الدولتين إلا انها تعثرت ، وبقيت تراوح في مكانها وخصوصاً مؤتمر جده 1928 ، ومعاهدة 1931 وأبريل 1936 ، إلى أن تم تهيئة الظروف والانطلاق بالعلاقات التي تأسست على معاهدة عدم الاعتداء والصداقة . حيث أن معاهدة 1975 التي عقدت بين الرياض وبغداد أدت إلى تقسيم المناطق المحايدة بالتساوي [98] . وعدت الحدود بين الدولتين اكثر استقراراً بين دول المنطقة .

---

(97) سالم مشكور ، مصدر سبق ذكره ، ص 37 ، وقارن مع جمال زهران ، أمن الخليج محددات وانماط تأثير العامل الدولي ، قضايا خليجية ، المركز العربي للدراسات الاستراتيجية ، دمشق ، العدد الأول / أبريل 1998 ، ص 29 / وقارن أيضاً

Mohamed AL- Rumaihi, "Arabia culf security American Arab Affairs, No 23 1987- 88 pp. 47- 56.

(98) عبد الله فؤاد ربيعي ، مصدر سبق ذكره ، ص 48 .

خلافات الحدود السعودية - الكويتية

وكذلك الحال بالنسبة للخلاف السعودي - الكويتي ، فأن هناك محاولات جرت لاحتواء الخلاف وتطويقه ، ووفق الاتجاهات السعودية نحو توسيع حدودها من خلال قضم اراضي جديدة من الكويت ، وخصوصاً في ما يتعلق بالجزر المتنازع عليها . فأنه تم التوصل إلى أتفاق في عام 1970 بين الكويت والرياض ، إلا انه لم يكن اتفاقاً لتخطيط الحدود ، بقدر ما كان تحديداً ادراياً يعين مدى النفوذ الاداري في المنطقة لكل من الدولتين ، ومنح التنقيب للشركات الامريكية . وهي المره الأولى التي يجري فيها الاتفاق ما بين السعوديين والكويتيين انفسهم على هـذه الخلافات ، حيث أن كـل مـا تـم من تسوية الخلافات ما بين السعودية والكويت كان يحضرـ عن الكويت ممثلاً بريطانيا ليحدد ما للكويت وما عليها[99] .

فمعاهـدة 1913 التـي تمثـل الاسـاس القانوني لمرجعيـة تحديد حـدود امارات ومشايخ الخليج العربي ، والتي لم يجر التوقيع عليها أو المصادقة عليها سوى مـن بريطانيا ، فقد حددت الكويت على شكل دائرة تتوسطها مدينة الكويت ، وخور الزبير في الشمال ، والقرين في الجنوب . إلا أن شيخ الكويت سالم الصباح كان قد طالب بأن ترسم حدود إمارته بخط مستقيم نحو الشرق بمحاذاة ساحل الخليج العربي حتى واحة البلبول[100] . ورغم ما ذكر أعلاه ، حيث الاتفاقيات التي تم التوصل اليها ولا سيما ما بـين 1957- 1958 ، وكذلك اتفاقية 1965 التي نظمت الحدود في المنطقة المحايدة ، وكذلك في ما يتعلق بالحقوق الخاصة بأستغلال البحر الاقليمي الملاصق وحددته الاتفاقية بسته اميال واشارت إلى التحكيم كأسلوب يجب على الاطراف المتنازعة أن تلجأ اليه في حالـة ظهور أي خلاف في المستقبل ، إلا أن هذه الاتفاقية ، وكذلك ما تم التوصل اليه فيما بعد من اتفاقيات نتيجة للمفاوضات

---

(99) جي - بي - كيلي ، الحدود الشرقية ، مصدر سبق ذكره ، ص 176 .

(100) سالم مشكور ، مصدر سبق ذكره ، ص 110 .

الثنائية ، لم تؤد إلى أية تسوية ، أو اتفاق بصدد جزيرتي (أم المرادم وكارو) التي تعتبرهما الكويت ضمن سيادتها الاقليمية ، في الوقت الذي تطالب الرياض بممارسة السيادة المشتركة مع الكويت عليهما[101] . وهو نفس العرض الذي تقدمت به الكويت بعد اعلان استقلالها للمملكة العربية السعودية والذي نص على تقاسم أي ارباح تنجم عن استخراج النفط في هذه الجزر التي منح حق التنقيب فيها إلى شركات امريكية ، إلا أن السعودية في وقتها رفضت هذا العرض[102] . ولاسيما وانها كانت ترى بأنه عن طريق الضغط على الكويت التي كانت تبحث عن اعتراف دولي وعربي ناهيك عن الازمة التي نشبت مع العراق الذي طالب بعدم الاعتراف بالكويت لكونها جزءاً من التراب العراقي وان الاستعمار البريطاني قد اخل بكل الاتفاقيات التي نصت على كون الكويت قضاءً تابعاً لولاية البصرة . وهذا ما أقرت به أتفاقية 1913 . إلا أن تسوية الازمة العراقية - الكويتية في ذلك الوقت ، جعل الكويت في موقف اقوى ازاء المطالب السعودية التي اقفلت الملف من جانبها ، إلا انها لم يغيب عنها ذلك الطموح في عودة هذه الجزر لسيادتها ، وقد حصلت بعض المحاولات السعودية في السيطرة على جزيرة (كارون أوكارو) في بداية عام 1977 حيث لاذت الكويت بالصمت ، وضاعت هذه المحاولة في زحمة الاحداث التي جاءت في الثاني من أغسطس 1990 [103] . ولكن بعد العدوان العسكري على العراق في عام 1991 وفي فترة اقل من سنتين سادت العلاقات السعودية الكويتية غيوم سوداء تمثلت في مقاطعة السعودية لدورة الخليج لكرة القدم التي جرت في الكويت التي أعادت إلى الاذهان ضمن المهرجان الاحتفالي

(101) محمد مصطفى شحاته : الحدود السعودية مع دول الخليج العربي / مجلة السياسة الدولية ، العدد 111/ يناير 1993 ، ص 222 .

(102) محمد صبحي : الحدود والموارد الاقتصادية ، مجلة السياسة الدولية ، عدد 111 / 1993 ، ص 192 .

(103) سالم مشكور ، مصدر سبق ذكره ، ص 112 .

معركة الجهراء التي تمثل دخول الجيوش الوهابية إلى الجهراء والسيطرة عليها في الثلث الأول من هذا القرن ، وقد عكس هذا الصراع تأثيراته على العلاقات بين البلدين ، حيث رفع الكويتيون في المهرجان شعاراً تأريخياً يرمز إلى تصدي اهالي الجهراء لجيوش الدعوة الوهابية حيث يتألف هذا الشعار من خيالين وسيفين كتب تحتها عبارة الجهراء (104) . فهذه الصراعات والنزاعات الحدودية تستمد جذورها من التعدديات والبنى العصبوية التقليدية والمترسبة بقوة في التكوين العربي والنسيج المجتمعي العربي العام ، وصولاً إلى قاعهِ وامتداده السيوسيولوجي - التاريخي (105) .

فالنزاع الحدودي السعودي - الكويتي قد حكمته اعتبارات النفط الكامن في باطن جزيرتي كارو وأم المرادم ، والذي كان التحدي الاكبر في تاريخ العلاقات الكويتية - السعودية ، وانه النزاع البحري الوحيد بين السعودية ودول المنطقة على الرغم مما ساد علاقاتها مع قطر والبحرين بعض الفتور على مسألة تحديد المياه الاقليمية التي لم تقم على اساس "الحق التاريخي" وهي المرجعية التي تمسكت بها الرياض في كل خلافاتها مع دول الجوار ، بل اخذت هذه المرهِ تركزـ على الاعتبارات الاستراتيجية (106) . واذا كانت مسألة الحدود البرية قد نظمتها اتفاقية العقير ، كما اسلفنا ، إلا انها لم تشرِـ إلى جزيرتي كارو وأم المرادم ، حيث أن الكويت تستند في مطالبها لهاتين الجزيرتين بناءً على الرسائل المتبادلة بينها وبين العراق عام 1923 وفي عام 1932 ، وبقي الخلاف معلقاً إلى عام 1977 عندما احتلتها السعودية عسكرياً ، حيث لم تحرك الكويت ساكناً لانها على خلاف مع طهران حول طبيعة الأثر الاقليمي لجزيرة فيلكا ، وخلافها الحدودي مع العراق ، الامر الذي جعلها

---

(104) عبد الجليل مرهون : التعاون الخليجي والنظام الاقليمي ، مصدر سبق ذكره ، ص 68 .

(105) محمد جابر الانصاري (واخرون) : النزاعات الاهلية العربية : العوامل الداخلية والخارجية / بيروت / مركز دراسات الوحدة العربية / 1997 .

(106) غريغوري بوندار يفسكي : الخليج العربي بين الإمبرياليين والطامعين على الزعامة ، دار التقدم موسكو ، 1981 .

تُجمد الملف الحدودي مع السعودية في الوقت الحاضر [107] .

إلا انها لم تستطع إغلاقه بشكل نهائي ، حيث المواقف المتصلبة التي أبدتها الرياض ازاء ذلك وخصوصاً انها لم تتخلى عن مبدأ "الحقوق التاريخية في مطالبها ، ولكن الظروف الاقليمية والدولية لم تسمح لها بأتخاذ خطوات اكثر من "المشاورات الدبلوماسية" وأثارتها بين فترة واخرى ، تحسباً للظرف المناسب .

وفي تطور لاحق لخلافات الحدود السعودية - الكويتية ، فقد أثيرت من جديد مسألة ترسيم الحدود البحرية من قبل الرياض التي بعث ولي عهدها الأمير عبد الله بن عبد العزيز برسالة الى حاكم الكويت تتعلق بقضية ترسيم الحدود البحرية التي سوف تكون محل المفاوضات بين النظامين خلال الزيارة التي يقوم بها الأمير عبد الله الى الكويت في منتصف حزيران 2000 . وعلى الرغم من ان المصادر المقربة من النظامين قد اكدت على عدم فشل مهمة تسوية الحدود البحرية وأنها ستكتمل في جولة ثانية من المفاوضات الا ان كل الدلائل تشير بأن هناك عقبات كثيرة حول تسوية هذه القضية ولاسيما أن ترسيم حدود منطقة الجرف القاري تثير أكثر من اشكالية ومنذ بدايتها وحتى الان وخصوصاً أذا أخذنا بنظر الاعتبار بأن هناك طرف ثالث وهو ايران التي تحاول فرض وجهة نظرها وتطالب بحقل الدرة النفطي البحري الواقع في نطاق الجرف القاري شمال الخليج العربي والذي هو مدار بحث بين الاطراف الثلاثة [108] وتخشى الكويت من القوارب السعودية في مسألة ترسيم الحدود البحرية وخصوصاً وأنها يمكن ان تكون على حساب الحدود البرية التي ولدت ظاهرة جديدة في التقسيم الا وهي ظاهرة المنطقة المحايدة التي تم من

(107) عبد الجليل مرهون : نزاعات الحدود في شبة الجزيرة العربية ، مصدر سبق ذكره، ص61-62 . ويقارن مع علي الدين هلال ، ونيفين سعد ، النظم السياسية العربية قضايا الاستمرار والتغير ، بيروت ، مركز دراسات الوحدة العربية ،نيسان /ابريل 2000 ص 29 .

(108) يوسف علاونه ، أتفاق سعودي - كويتي على أستكمال مباحثات ترسيم الحدود البحرية قريباً ، صحيفة الاتحاد الاماراتية ، العدد 9104 ، الخميس 8 حزيران /2000ص19

خلالها تقاسم العوائد النفطية بين الطرفين في الوقت الذي لم تكن فية المنطقة المحايدة الا أراضي تابعه للكويت بموجب المعاهدات السابقة التي عقدت مابين بريطانيا والامبراطورية العثمانية [109].

109 سالم مشكور ، مصدر سبق ذكرة ، ص107 ومابعدها .

المبحث الثاني :

خلافات السعودية مع الإمارات وعُمان

في الواقع ، تعد الحدود الشرقية للمملكة العربية السعودية من بين اعقد الحدود في تداخلها ، وتشابكها . ومنذ أن ولدت هذه المملكة ، وبقية الامارات على ساحل الخليج العربي ، ومشكلة الحدود تعد من بين اعقد المشاكل اثارة للحساسية ، والتوتر ، والنزاع . لا بل اكثر من ذلك ، من بين اكثر المقيدات في تطوير مسيرة التعاون التي اختطتها هذه الدول منذ مطلع الثمانينات وحتى الان . وغدت اللعبة السياسية في تحالفاتها ، وصراعاتها ، وخصوصاً بين الانظمة السياسية نفسها تتحدد بمقدار كانت مشكلة الحدود باردة أو ساخنة ، وخصوصاً ما حصل بين السعودية وقطر ، وما بين الاخيرة والبحرين حيث انه ، وكما لوحظ تعثر خطوات مجلس التعاون الخليجي في مسيرته الامنية ، العسكرية ، وحتى اجتماعاته الروتينية على مستوى القمة أو وزراء الخارجية كانت تصطدم بمشكلة الحدود التي لم تعرف في تاريخها حلولاً جذرية لهذه الخلافات ، وأجتثت مسبباتها ، وانما عرفت فقط اليات للتهدئه ، وترضية الخواطر ، ولم تستطع التنظيمات الاقليمية العربية بصيغتها الاوسع والاشمل ، ولا تلك التنظيمات بأطارها الضيق الجهوي ، أن تطرح تقاليد وأليات عمل ثابتة لحل هذه الخلافات [110] . ولكن بالعكس فأنها لعبت دوراً دائماً في تأزمها ودفعها إلى مسارات اخرى مظلمة ، كما حصل في ازمة الثاني من اغسطس 1990 حيث الدور السلبي الذي لعبته جامعة الدول العربية ، وحتى بعد الأزمة لم تعد قادرة على جمع وحدة الصف العربي ، وتضميد الجراح الذي خلقته الأزمة وتدراك تداعياتها التي مازالت تفعل فعلها السلبي المؤثر في مسيرة العمل العربي المشترك .

---

(110) محمد السعيد أدريس ، النظام الاقليمي للخليج العربي ، مصدر سبق ذكره ، ص 240 .

أن درجة حدة وتفاقم هذه الخلافات السياسية والحدودية ، واختفاءها وظهورها يعتمد ليس فقط على تناسب القوى الاقليمية والدولية التي لها دورها الفعال والمؤثر في تغذية هذه الخلافات ، وإنما تعتمد على طبيعة التكوين السياسي والاجتماعي لهذه الدولة من الدول تجاه الدول الاخرى ، حتى أن الخلافات طفت على سطح علاقاتها واصبحت من الظواهر المتميزة للعلاقات ما بين دول هذه المنطقة .

ومن الطبيعي جداً القول بأن الخلافات الحدودية هي خلافات سياسية في الاصل وفي كل مظاهرها . حيث أن التباين في الحاجات والمصالح ، ووصولها إلى درجة التقاطع والتصادم ، أضافة إلى اصرار وعناد كل دولة بأحقية مطالبها ، وعدم اخذها بالحسبان المعطيات الدولية والاقليمية المحيطة ببيئتها الخارجية يدفعها إلى تبني ادراك ، أو رؤية خاصة بها تصطدم لا محال . اذا كان ينقصها المنطق الواقعي السياسي ، بالطرف المجاور الذي يبحث هو الاخر عن تطلعات لا يمكنها أن تلغي الاخر ، وأبتلاعه . ناهيك عن عوامل خارجية تدفع بهذا الاتجاه أو ذاك إلى التصادم ، وتوسيع شقة الخلاف بغية دفع الاحداث إلى مساراتها المرسومة تحقيقاً لاهداف وغايات وضعت مسبقاً[111] . وهذا هو ما حصل ما بين السعودية ودولة الامارات وعُمان ، وكذلك ما حصل ما بين السعودية وقطر ، وغيرها من دول الخليج العربي الاخرى ، أو ما بين السعودية واليمن ، حيث أن المشاكل الحدودية ، عكرت صفو العلاقات بين الدولتين وخصوصاً ما تفجر منها في منتصف يوليو ، 1998 عن احتلال السعودية لجزر يمنية كما ادعت صنعاء بذلك كما سنلاحظ في تناول موضوع الخلافات السعودية - اليمنية .

(111) عطا محمد زهره : الخلافات العربية مداخل إلى حل / مجلة المستقبل العربي ، بيروت ، العدد 225 (11) 1997 ، ص 4 ، وينظر كذلك : ناظم عبد الواحد الجاسور : مؤتمر القمة الاسلامية في طهران ، وحدة العمل العربي المشترك ، مجلة المستقبل العربي العدد 225 (7) 1997 .

الخلافات الحدودية على واحة البريمي

من القراءة الواضحة لتاريخ المنطقة يتضح لنا بأن نظام البداوة القائم على توزيع القبائل في ترحالها ، وأقامتها مسألة عامة ، ومن الظواهر التي اتسمت بها المنطقة الامر الذي عقد وازم قضية تحديد الحدود السياسية ، لأن الانظمة التي نشأت كان كل واحد فيها ، سواء بنشأته الطبيعية التطورية ، أو المصطنعة ، يطمح في توسيع حدود نظامه إلى الحد الذي يستطيع فيه انضواء عدد اكبر من القبائل ، وجمع الضرائب ، والزكاة ، هذه الامور التي أضحت فيما بعد من الادلة والقرائن التي استند عليها عدد من الانظمة في طرح مطالبها الحدودية في المناطق المتنازع عليها ، ولاسيما في واحة البريمي[112] . ولذلك كان من الصعوبة بمكان الاتفاق على وفق الاعتبارات غير المادية ، والتوصل إلى تخطيط الحدود وفقاً لأسس ثابته ودائمة ، وخصوصاً أن هذه الامارات والمشايخ لم يكن لها من قبل حدود معينة تقف عندها ، ما عدا تلك الخطوط الوهمية التي تم تعيينها بين الدولة العثمانية وبريطانيا في مناطق النفوذ لكل من الإمبراطوريتين في شبه الجزيرة العربية ، ولاسيما حسب اتفاقية 1913 التي خُرقت في اكثر من مره ، حيث أن اغلب هذه الدول الجديدة لم تكن طرفاً مباشراً فيها ، وانما كانت بريطانيا تتفاوض نيابة عنها ووفقاً لمصالحها وإستراتيجيتها في المنطقة ، وما كانت تختزنه من طاقات بترولية هائلة قلبت كل الموازين ، وأثارة الاحقاد ، ودبت المنازعات ، والحروب التي دفعت دول المنطقة وشعوبها جراء ذلك ثمناً باهظاً ، في الوقت الذي جعلها مرهونة للقوى الأجنبية التي تحكمت بكل ثرواتها وايراداتها المتصاعدة. هذه القوى التي لا يهمها غير امتيازاتها ولم تعر أي اهتمام لمسألة تخطيط الحدود وحلها بشكل دائم ، حيث أن حالة عدم الاستقرار تشكل المجال الحيوي الذي تتحرك من خلاله في المنطقة .

وتشير المصادر التاريخية بأن واحة البريمي التي تقع على مفترق طرق

---

(112) كيلى ، الحدود الشرقية ، مصدر سبق ذكره ، ص 32- 33 .

ستراتيجية بين السعودية ، أبو ظبي ، ومسقط ، كانت ملكاً لأسرة آل نهيـان وتقـع في سهل الجوا وفي الطرف الشمالي لمنطقة الظاهرة والقريبة مـن سفوح جبـال الحجـر ، وتبلغ مساحتها حوالي 1985 كم 2 (113).

وكانت تسكنها العديد من القبائل حيث كانت واحة مـاء وعيـون عذبـه ، وواحـة بساتين النخيل التي يقدر عـددها اكـثر مـن نصـف مليـون نخلـه ، وهـذه القبائل التي سكنتها جاءت من الجزيرة العربية في فترات متلاحقة ، وكان يطلق عـلى مـوطن القبيلة "الديرة" وهي المنطقة الخاصة بالقبيلة أو مجموعة قبائل تعيش مع بعضها البعض وتبسط نفوذها على ما يحيط بها حسب قوتها ، إلا انها لم تكن مستقراً دائمـاً ، حيـث تتركها حسب الاوضـاع الاقتصـادية والمناخيـة ولكنهـا تعـود اليهـا مـن فـترة إلى اخـرى ، ويحكمها قانون عرفي بعدم الحق لأية قبيلة بالاستحواذ على ديرة أية قبيلة أخرى إلا عن طريق المشاركة ، أو الاحتماء . ولكن نادراً ما تنشأ علاقات غير عادية ، إلا أن هـذا الحـال لم يستقر طويلاً حيث تعددت القبائل ، وضاق مجال العيش ، وكـثرة النزاعـات المذهبيـة التي غدتها القوى الأجنبية بشكل عميق (114).

فالولاء السياسي لم يكن معروفـاً بالمعنى المحدد للكلمة ، وانما شيخ القبيلة يشكل محور الولاء أضافة إلى الأبار والعيون . كـما أن ذلك يتغير حسب قـوة وضعـف شـيخ القبيلة وخصوصاً في المنافسات الشخصية ، والحروب الطاحنة ، فقد كـان وان تعرضـت واحة البريمي إلى احتلال الوهابيين في عام 1853 واقاموا فيها قلاع لحمايـة تمركـزهم ، إلا انها دمرت وازيلت أثارهم عام 1869 عندما استرجعتها القبائل الاخرى المناهضة لهـم ، وخصوصاً بني ياس ، والمناصير التي ينتمي اليها آل نهيان ، وهـذه القلاع التي يشيدها الوهابيين كانت في القسم التابع لسلطنة عُمان

(113) محمود بهجت سنان : أبو ظبي واتحاد الإمارات العربيـة ومشكلة البريمـي / دار البصري / بغداد ، 1969 ، ص 185

(114) محمود طه أبو العلا : جغرافية شبه جزيرة العرب ، ط 1 ، مؤسسة العرب ، القاهرة ، 1972 ، ص 242 .

وليس في القسم التابع لأبو ظبي . وان القبائل التي كانت تسكن الواحة ، والتي تحولت إلى تسعه قرى ، ستة منها تابعة لأبو ظبي ، أما الثلاث الأخرى تتبع عُمان ، منطقة شرق الظفره والختم ، وهناك ايضاً الظواهر وأل نهيان الدين لعبوا دوراً كبير في تأكيد قوتهم السياسية والاجتماعية [115]، وتوحيد القبائل تحت امرتهم ومقاومة المطالب السعودية في الاستحواذ على الواحة ، حيث الاكتشافات البترولية جعلت منها منطقة نزاع لا تهدأ .

ورغم كل المحاولات التي لجأ اليها هذا الطرف أو ذاك في توسيع حدود منطقته ، وفرض نفوذه السياسي ، إلا أن اول محاولة لتنظيم الحدود قد حصلت عام 1913 بين الحكومة البريطانية والعثمانية في منطقة شبه الجزيرة العربية وساحل الخليج العربي ، حيث عينت الاطراف حدود نجد والكويت وكذلك الخاصة بين أمارة أبو ظبي وقطر ، إلا أن الاتفاقية الخاصة بين أبن آسعود والحكومة البريطانية عام 1915 والتي قدمت فيها لندن تنازلات على حساب دول المنطقة لأبن آسعود الذي تمسك بمادتها الأولى في كل مطالبه الحدودية مع الدول المجاورة ، والتي جاء فيها : بأن الدولة البهية الإنكليزية أكيداً تعترف بان نجد والاحساء والقطيف والجبيل وما يليها وحدودها التي بها وتعين بعد حين وبنادرها على شواطئ الخليج العربي هي ممالك أبن أسعود ، وممالك أجداده السابقين فبهذه الوسيلة تعترف بأبن أسعود المشار اليه حاكماً مستقلاً على الممالك المذكورة ورئيساً مطلقاً على عشائرها [116].

ومن خلال هذه المادة يتضح أن قراءتها توصي بأن بريطانيا :

- أعترفت اعترافاً مطلقاً بحدود ممالك اجداد أل أسعود حيث ما استطاعوا إلى ذلك .

- عدم تعيين حدودها مع أمارات ساحل الخليج العربي .

(115) محمد حسن العيدروس : التطورات السياسية في دولة الامارات ، مصدر سبق ذكره ، ص 147 .

(116) محمد حسن العيدروس ، مصدر سبق ذكره ، ص 22 .

- اعتبرته أميراً مطلق التصرف في المنطقة .

- كما أن هذه المادة استند اليها أل أسعود في مطالبهم بـأراضي جديـدة مـن منطقـة حضرموت في اليمن ، وأبو ظبي وقطر ، إلا انها لم تستطيع الحصول على ما طالبت به غير إعطاءها منطقة واسعة في الربع الخالي التابع قسم منه لسلطنة عُمان واليمن . واستمر النزاع على واحة البريمي والجـزر الواقعـة علـى الخليج العربـي إلى سـنوات عديدة ولا سيما بعد الحرب العالمية الأولى ودخول الولايات المتحدة الأمريكية كلاعب جديد في شؤون الشرق الأوسط من خلال شركاتها البترولية[117] . حيث فرضت الحاجة إلى ضرورة رسم الحدود وتعينها بشكل واضح ليس في مصلحة دول المنطقة ، وانما المحافظة علـى الامتيـازات البتروليـة الممنوحـة للشركـات البريطانيـة والأمريكيـة ، والمحافظة عليها من الاعتداء الذي تتعرض له من هجمات القبائل ، حيـث أن الـروح القبلية بقيت هي الظاهرة المسيطرة علـي طبيعـة المجتمعات الخليجيـة حتـى بعـد ظهور البترول الذي احدث تغيرات جوهرية في التشكيلة الاجتماعية[118] . ومـن هنـا ، ومن اجل ضمان عدم تدخل أل أسعود في شؤون مشايخ وأمارات الساحل الخليجي ، فقد وقعت بريطانيا معهم اتفاقية في عـام 1927 اعترفت بالاسـتقلال التـام والمطلـق لملك الحجاز ونجد وملحقاتها ، مع اعـتراف أبـن أسـعود بوضـع بريطانيـا الخـاص فـي الكويت ، والبحرين ، وقطر ، والساحل المهادن . إلا أن أل أسعود لم يتخلوا نهائيـاً عـن واحة البريمي الاسـتراتيجية ، حيـث الاعتمـاد هـذه المـره ليـس علـى المسـتندات التاريخية،والقلاع الاثرية ، والجزية والضرائب التـي كانت تستحصلها مـن القبائـل المنضوية تحت لواءها، وانما على قوة جديدة برزت إلى ساحة التنافس

---

(117) حكمت سليمان : نفط العراق ، دار الحرية للطباعة ، بغـداد / 1979 وينظر كـذلك : طالـب محمـد

رحيم : التنافس البريطاني الأمريكي على نقط الخليج العربي ، دار الرشيد ، بغداد ، 1982 .

(118) يوسف محمد عبيدات : المؤسسات السياسية في دولة قطر ، بيروت ، 1979 ، ص 28 .

- الاستعماري ألا وهو الولايات المتحدة التي اخذت تحزم حقائبها للنزول في المنطقة ، ولا سيما بعد الاكتشافات الهائلة للآبار البترولية ، وطرحت نفسها القوة التي لا يمكن تجاهلها في أية تسوية ، أو توزيع حصص ، حيث الخلافات الحادة التي طرحت على بساط النقاش الدائر ، وخصوصاً على منطقة الجبيل والبوريمي ، والمياه الاقليمية ، ومنطقة المجن ، وخور العديد المتنازع عليه أيضاً مع قطر [119] .

وقد عادت مشكلة الحدود على واحة البريمي من جديد عام 1932 ، حيث أن شركة ارامكو (مجموعة من الشركات الامريكية) لعبت دوراً كبيراً في اثارة هذه المشكلة التي حصلت على امتياز التنقيب وحق استغلاله من السعودية . ومن هنا فأن مشكلة الحدود قد انتقلت من الانظمة السياسية المحلية إلى الشركات البترولية ومن يقف خلفها ، حيث أن بداية سنة 1933 شهدت تنافساً حاداً بين الشركات الامريكية والبريطانية . حيث قررت الشركات الأمريكية دخول واحة البريمي بكل ثقلها من خلال الاتفاق الذي عقد مع ابن أسعود في مايو 1933 ومدت امتيازاتها إلى الحدود الشرقية من الجزيرة العربية، حيث لم تحدد مساحة هذه الامتيازات ، كما انها تجاهلت كل الخطوط التي رسمت بموجب اتفاقي1913 ،وكذلك 1915 ، وحتى عام 1927 ، حيث الخط الازرق الذي كان يفصل الحدود السعودية عن واحة البريمي التابعة لأبو ظبي،وتنصلت الرياض من كل الاتفاقيات السابقة [120] .

كما جرت محاولات اخرى لتحديد الحدود مع الامارات المتصالحة في عام1934، وكذلك في عام 1938 ارسلت السعودية مذكرة خاصة بيد وزير الخارجية الأمير فيصل (أصبح ملكاً فيما بعد) إلى وزارة المستعمرات البريطانية ووزارة الخارجية البريطانية التي حملت في طياتها الخط الاخضر السعودي الذي يبين حدودها الشرقية على اعتبار انها أملاك خاصة لآل أسعود وخصوصاً تأكيد أن مخافر عبرى ، وبريمي ،

---

(119) عبد الله فؤاد ربيعي ، مصدر سبق ذكره ، ص 64 .

(120) محمد حسن العيدروس ، مصدر سبق ذكره ، ص 215 .

وظفار ، وأواسط قطر كانت مخافر سعودية أنشأها أجداد "الملك" إلا أن اندلاع الحرب العالمية الثانية قد جمد الخلافات التي سرعان ما عادت بعد الحرب لتأخذ سجالاتها الحامية .

أن المتغيرات التي افرزتها الحرب العالمية الثانية ، وخصوصاً في خلخلة تناسب القوى الدولية ، وتراجع بريطانيا إلى الخلف كقوة عظمى ، وبروز القطبية الثنائية ، رمت بثقلها على منطقة الخليج العربي بشكل واضح ،حيث القوة الأمريكية المدافعة عن العالم الحر الغربي ، الرأسمالي والإمبريالي ، فقد حفز شركة أرامكو التي التقطت أشارة التغيير في الوضع البريطاني في الخليج العربي، واقدمت على إثارة مشكلة البريمي من جديد ، والأكثر من ذلك حصولها على بعض الوعود من أبن أسعود للكشف عن البترول داخل حدود أمارة أبو ظبي وقطر ، والجزر القارية ، تساعدها الحكومة الأمريكية بعد أن ارست وجوداً عسكرياً في قاعدة الظهران ، والتي وقفت مع وجهة النظر السعودية بصدد النزاع على الواحة حيث الملكية الاماراتية والعُمانية ، وأصرت السعودية في مطالبها الجديدة بأن خط الحدود مع أبو ظبي يبدأ عند نقطة على الخليج بين بندر المرفأ وبندر المغيرا ، ومع حدودها مع قطر فأنها طالبت بأن تكون نقطة الحدود عند ساحل سلوى الدوحة على خط عرض 24° وبهذا التحديد الجديد فأن قطر قد تخسر اراضي كبيرة جداً تمتد بعدة أميال بأتجاه الشمال من الحدود التي تم الاتفاق عليها سابقاً والممتدة عبر قاعدة شبه الجزيرة القطرية من خليج سلوى إلى الساحل الشمالي من خور العديد .

كما أن أبو ظبي وفق هذه المطالب السعودية سوف تخسر واحة ليدا ، الموطن الأصلي للآسرة الحاكمة في أمارة أبو ظبي . وأزاء ذلك فقد رفضت بريطانيا هذه الادعاءات السعودية وطالبت بعقد مؤتمر في عام 1953 لتسوية الخلافات القائمة بصدد الحدود بين قطر وأبو ظبي وعُمان [121] . واجتمعت كل الاطراف تحت ظل

---

(121) المصدر نفسه ، ص 262 ، وقارن أيضاً مع ناجي أبي عاد ، ميشيل جرينون ، النزاع وعدم الاستقرار في الشرق الاوسط ، مصدر سبق ذكره ، ص 164 .

المقيم السامي البريطاني وشيخ شخبوط حاكم أبو ظبي والشيخ علي بن عبد الله حاكم قطر ، أما السعودية فقد ترأس وفدها الأمير فيصل ، في الوقت الذي قامت فيه القوات السعودية باحتلال عسكري للواحة مع تدفق شركات التنقيب الأمريكية وفي الجزر القارية ايضاً .

ورغم أن هذا المؤتمر لم يستطع الوقوف على تحديد معين ، ما عدا الاتفاق على اتفاقية للتحكيم التي رفضتها السعودية فيما بعد ، وقررت الانسحاب من الواحة بعد هجوم عسكري بريطاني . فقد توصل في النهاية إلى تقسيم المنطقة لعمليات التنقيب والاستخراج ، وتحديد منطقة محايدة بين الدولتين[122] . وان الأحداث التي تلاحقت في الشرق الاوسط ، جعلت الرياض تضع ملف واحة البريمي في الادراج القديمة لمشاكل حدودها مع الدول المجاورة ، بانتظار ظروف جديدة ، وهذا ما حصل مع قطر ، واليمن ، حيث تمسكت المملكة العربية السعودية ، وحتى بعد استقلالها بنظرية "الحق التاريخي" الذي أطر سلوكها الخارجي في نزاعاتها الحدودية مع جيرانها الخليجيين بشكل خاص الذين أخذوا في شرعية "العرف القبلي وحق القبيلة" ، وكذلك من مستلزمات الحماية البريطانية التي تكلفت بحماية الانظمة والسيادة المحلية عليها من كل عدوان خارجي ، حيث انها "لم يكن بمقدورها الاخذ في دعاوي الحق التاريخي لانها لا تملك تاريخاً في تلك الامارات التي حكمتها"[123] . وفي مذكرة ارسلها وزير الخارجية السعودي إلى الحكومة البريطانية في عام 1938 حول النزاع الحدودي مع قطر وعُمان ومشيخة الساحل المتصالح أكدت بأن "مطالبة بلاده تبنى على أساس التوراث التاريخي" ، وتقول المذكره أن التمسك بهذا المبدأ يجعل قسماً واسعاً من أراضي حضرموت وظفار وعُمان وأبو ظبي داخل ضمن

---

(122) المصدر نفسه ، ص 276 .

(123) عبد الجليل مرهون : نزاعات الحدود في شبه الجزيرة العربية ، مصدر سابق ، ص 51 .

أراضي جلالة الملك عبد العزيز بن أسعود (124) .

ولكن مبدأ "الحق التاريخي" لم يستطيع مقاومة العوامل الأخرى التي لعبت دورها المؤثر في تحديد مسارات النزاعات الحدودية ، وتفاعلاتها مع الأحداث السياسية التي هبت على المنطقة ، حيث برزت عوامل أخرى مثل العامل النفطي ، والعامل الملاحي ، والعامل الأمني ، والقبلي في إطاره السياسي المعاصر ، كما يقول عبد الجليل مرهون ، قد رمت بثقلها الواضح في النزاع الحدودي بين السعوديين وقطر وبين الأخيرة والبحرين ، كما سنرى في الصفحات القادمة ، حيث أن فشت الديل تعد من أكبر حقول الغاز في العالم ، حيث الموقف الأمريكي الواضح بجانب البحرين ، كما أن منطقة "مسكت" الغنية بالبترول تحولت إلى مصدر نزاع وتوتر بين عُمان والإمارات ، و القائمة تطول لتضم مناطق ، وأقاليم ، وجرف قاري لم يكن معروفاً حتى على الخرائط القديمة التي رسمت للمنطقة ، إلا أن الاكتشافات البترولية التي قامت بها الشركات الأمريكية والبريطانية قد كشفت عن ثروات نفطية هائلة تختزنها أرض هذه المنطقة والتي لم تغب لحظة واحدة عن صاحب سلطة القرار السياسي الغربي .

---

(124) المصدر نفسه ، ص 51 وينظر كذلك : جمال زكريا قاسم : الخليجي العربي 1914 ، ص 194 دراسة لتاريخ الامارات / القاهرة ، دار الفكر العربي / 1973 ، ص 337 ، وينظر كذلك محمد رشيد الفيل : الأهمية الاستراتيجية للخليج العربي ، جامعة الكويت / مطبعة يوسف وفيليب ، بيروت / بدون تأريخ .

المبحث الثالث

((الخلافات السعودية القطرية))

على الرغم من أن منطقة الخليج العربي تتميز عن غيرها من المناطق الأخرى، حيث الاصل القبائلي الواحد، واللغة الواحدة، وعدم وجود حدود أثنوغرافية محددة كما في اوربا، أوأفريقيا، تفصل بين مجتمعاتها، إلا أن المشاكل الحدودية تعد فيها الاخطر، والأكثر حساسية، وتوترا من أية منطقة أخرى وهذا ما تجلى في اكثر من نزاع حدودي ظهر في هذه المنطقة الذي وصل الى الحرب، والعمليات العسكرية، والاحتلال لاشئ إلاخدمة للمصالح الاستعمارية المتمثلة في شركات البترول، حيث الامتيازات وحقوق التنقيب والاستكشاف أوجدت مناخا غير طبيعيا، وظاهرة من ظواهر العلاقات العدائية، والاحقاد الشخصية، والمؤمرات حتى داخل النظام السياسي الواحد، قبل ان تسرى الى كل الأنظمة، وكشفت عن أن الخلافات الحدودية لم تكن إلا صراعا على النفط، وليس صراعا عربيا خليجيا، وأن أضحى فيها الطرف العربي الخليجي الأداة المنفذة للقوى الاستعمارية، والشرطي الذي يحافظ على شركاتها وأمتيازتها [125].

ومن هنا تأتي الخلافات الحدودية السعودية - القطرية لتصب في الاتجاه نفسه من المشاكل التي عانت منها، وما زالت تعاني، منطقة الخليج العربي بسبب النفط والتنافس بين الشركات البترولية المتعددة الجنسيات. وكغيرها من المشاكل التي برزت في أطار تكوين الدولة السعودية، حيث أن اول ذكر لهذه الحدود قد أثيرت في عام 1922 خلال مؤتمر العقير الذي نظم حدود مملكة أبن آسعود على الساحل الشرقي للخليج العربي، وهو الحوار الذي دار في المؤتمر بين أبن آسعود والمندوب السامي البريطاني في العراق بيرس كوكس الذي ذكر أبن آسعود بأتفاقية عام 1916

---

(125) محمد السعيد أدريس ، مصدر سبق ذكره ، ص308-309 .

التي وقعت بين حاكم قطر وبريطانيا ، وهي اتفاقية الحماية المشابهة لكل الاتفاقيات التي عقدتها بريطانيا ، مع مشايخ وأمارات الساحل المهادن . وفي هذا المؤتمر فأن كوكس قد رسم الخط الفاصل الذي يبدأ من نهاية الخليج الواقع الى الجنوب من جزيرة البحرين ، ويمتد الى الشرق من أتباك . الا أن ذلك لم يكن تحديدا نهائيا ، ولم تعترف به الرياض ، الأمر الذي جعل حاكم قطر يعمل بعدة أتجاهات بغية ضمان حدود أمارته ، حيث طلب ضمانات أضافية من بريطانيا وذكرها عبر مندوبها السامي ، والمقيم البريطاني ببنود اتفاقية الحماية لعام 1916 ، حيث المادة الحادية عشرة التي نصت على ضمان سلامة قطر من أي خطر خارجي (126).

إلا أنه وبالمقابل ، فان حاكم قطر أستغل فرصة الاعلان عن الدولة السعودية ليقوم بزيارة الرياض وتقديم التهنئة لقادتها ، وكانت تلك الزيارة مناسبة لتوضيح الخلافات القائمة ، الامر الذي جعل بعض المصادر تؤكد بأنه حصل اتفاق بين الشيخ علي عبد الله وابن آسعود بالا يمنح أي امتياز للنفط في الاراضي الداخلية من بلاده وألا يتعدى ما يمنحه من أمتيازات مدينة الدوحة والمناطق المجاورة لها ، حيث فسر ذلك بأنه تهديد سعودي لقطر بعدم منح الشركات البريطانية أمتيازات أضافية (127) .

الا أن هذا المسعى القطري ، الذي يعد الاول من نوعه بين حاكمين عربيين لتسوية الخلافات الحدودية بينهما قد أزعج بريطانيا ، واعتبرته خروجا على نصوص معاهدة الحماية ، وخطوة لا يمكن القبول بها ، حيث انها ادت الى ضعف الموقف البريطاني ازاء تعنت أبن آسعود والذي ادرك بأن السياسة البريطانية لم تهدف الا الى :

- تطويق المملكة العربية السعودية من الشرق والجنوب الشرقي .

_____

(126) محمود طه أبو العلا ، مصدر سبق ذكره ، ص19 .

(127) عبد العزيز محمد منصور : التطور السياسي لقطر 1916-1949 ، منشورات ذات السلاسل ، الكويت ، 1979 ، ص78 .

- تقويه السيطرة البريطانية على الكويت .

- خلق الدولة الهاشمية في الشمال ، وخصوصا في شرق الأردن والعراق ومن هذه الاعتبارات التي أضحت من مدركات القرار السعودي الذي طالب في كل الاجتماعات والمؤتمرات الخاصة بالحدود تغير الخط الأزرق وعدم التمسك بما جاء بمعاهدة 1913 الانجليزية - التركية ، التي تعتبرها بريطانيا أساس قانوني وحيد لحل المشكلة .

وإزاء هذه الاوضاع المعقدة ، ولاسيما بعد أن دخلت الشركات الأمريكية في التنقيب والاستكشاف ، فقد طرح وجهات نظر بريطانية أخذة بنظر الاعتبار الواقع السياسي الدولي الجديد ، ومن بينها سفير بريطانيا في نجد الذي نصح وزارة خارجيتة بأنه " من الخطر تحديد الحدود الجنوبية لقطر بحيث تمتد شرقي الخط الازرق ، ثم أوصى بإرجاء المسالة كلها دون حاجة الى أتخاذ موقف محدد ، مع اكتفاء بريطانيا بالتمسك بالخط الازرق كأساس للتفاوض ، وقد أبرق أندريو ريان السفير البريطاني في نجد رسالة الى وزارة الخارجية أفصح فيها من انه لم يعد من المرغوب فيه التمسك بالقول بان الخط الذي يمر عبر شبه جزيرة قطرهو الحدود السياسية لها ، لكنه مجرد حد أقصى- جنوبي يبين حدود الامتياز الذي منحته قطر للشركة الانكليزبة - الفارسية ، ولحدود الحماية . وعلى هذا الاساس فأن ريان يرى بأنه يجب على بريطانيا التمسك بأن قطر تمتد الى ما يسمى بالخط الأزرق ، ونصح في الاخير بالاخد بالحل الوسط أمام مطالب ابن اسعود الذي يحطى بدعم امريكي كبير ، وعدم تحديد منطقة محايدة غير تابعة لقطر أو السعودية كما حصل مع الكويت والسعودية والعراق [128] .

يقول الكولونيل فادلي في المذكرة التي وضعها عن الحدود التي اقترحتها الحكومة البريطانية : بأن وضعية الحدود ستكون واضحة وانيقة حين ترسمها على الورق ، ولكنها ستكون مستحيلة حين تحاول أن تضعها على الارض بوضع

_____

(128) المصدر نفسه ، ص88-89 .

التنفيذ)) وهذا هو بالتحديد حال ما جرى في منطقة الخليج العربي ، وبالتحديد ما بين السعودية وقطر ، وحتى الوقت الحاضر [129] .

وبهدف تأكيد الامر الواقع في مفاوضات الحدود ، فأن السعودية لجأت الى أسلوب اقامة المستوطنات للقبائل المنضوية تحت لوائها في (سكاك) و(أنباك) على حدود قطر ، الا انها جوبهت بالأنذار البريطاني وتأكيد حمايتها لاراضي قطر . الا أن المسألة لم تعود بين بريطانيا ومملكة أبن آسعود ، وانما مع لاعب جديد هو الولايات المتحدة وشركاتها البترولية . ومع ذلك فان تعليمات الحكومة البريطانية الى مقيمها السياسي في بوشهر قد نصت على :

- الاحتفاظ بالاخط الازرق كحدود شرقية للمملكة العربية السعودية .

- النظر في طبيعة الامتيازات النفطية مع مراعاة مصالح ابن اسعود في ضوء الظروف القائمة .

- اقتصار الحماية البريطانية على قطر على صدور مشروع امتياز شركة النفط الانكليزية - الفارسية .

- أعتبار المنطقة الواقعة شرقي الخط الأزرق تحت النفوذ البريطاني بمقتضى أتفاقية الحماية .

- تحذير السفارة البريطانية في أنقرة من عدم التفاوض مع السفارة الأمريكية حول مشكلة الحدود مع قطر أو الامارات الأخرى.

- منح الحماية لقطر بشرط موافقة شيخ قطر على منح أمتياز النفط في بلاده للشركة الانكليزية - الفارسية.

- تكليف المقيم السياسي بأبلاغ شيخ قطر بعدم التطرق أو الاتفاق بصدد

---

(129) محمد حسن العيدروس : التطورات السياسية في دولة الامارات ، مصدر سبق ذكره ص136 .

مشكلة الحدود من أبن أسعود [130] .

ومما يلاحظ للقراءة التاريخية لهذه المشكلة ، أن مسألة الحدود كانت تزداد حدة وتنافسا كلما لاحت في الافق بشائر أكتشافات بترولية جديدة في المنطقة ، الامر الذي جعل مسالة حل هذه الخلافات مرهونا ببعض الاعتبارات الخارجية عن أرادة الدولتين ، ولاسيما وأن للشركات البترولية قواعدها الخاصة التي تتعامل بها في سوق النفط العالمية . ومن هنا فأن بريطانيا لم تلجأ في سياستها التفاوضية على الحدود الى حد التصادم مع أبن آسعود كي لا يحرم شركاتها البترولية من بعض حقوق الامتياز ، حيث أن همها هو أيقاف تقدم الشركات الامريكية في الاستحواذ على نفط المنطقة التي يعود لها الفضل في أكتشافه في عام 1903 . وقد توفرت للحكومة البريطانية القناعة بأمكانية تعديل الخط الأزرق ، وخصوصا بعد أن لاحظت التقارب السعودي القطري ، ودعوة الرياض الى ان مفاوضات الحدود يجب ان تجري بين حكام المنطقة وبدون تدخل بريطاني ، وطرحت خطتها لتعيين الحدود الشرقية للمملكة ، والذي سمي بالخط البنفسجي الذي يمتد من قوارير في أتجاه الطرف الشمالي الشرقي لحضر موت ثم ينحني في أتجاه الغرب ، ويمتد عبر قاعدة شبه جزيرة قطر [131] .

أن دخول بريطانيا في مفاوضات مع المملكة العربية السعودية بعد استقلالها واجه صعوبات كثيرة ، ولا سيما وان الرياض أستندت على قوة كبرى هي الولايات المتحدة التي أخذت تساند وجهة نظرها في كل قضايا الخلافات الحدودية . الأمر الذي جعل الرياض في موقف قوي ، وطرحها ((لمشكلة العقبة)) لأول مرة على طاولة المحادثات الثنائية ، حيث انها اعتبرت هذا الميناء الصغير جزءا من أراضيها . كما أن السعودية طالبت أيضا بأن اية مفاوضات في ما يتعلق بحدودها الشرقية يجب أن تحضرها كل الاطراف ، وليس ممثلة ببريطانيا وحدها . اذ رأت ضرورة اشتراك

(130) عبد العزيز محمد المنصور ، مصدر سبق ذكره ، ص90-91 .

(131) المصدر نفسه ، ص94.

قطـر وأبـو ظبـي ، الشـارقة ، دبي ، رأس الخيمـة ، مسـقط ، وعـمان ، وجـيلان ، وحضرموت ، وظفار دون ان تشترك بريطانيا كطرف او وسيط .

الا ان ذلك لم يناسب الحكومة البريطانية التي تعرف جيدا القوة الشخصية لأبن أسعود وتأثيره على هذه المشايخ والامارات بالشكل الذي يجعلها تنصاع لاوامره وتقوم بالتنازل عن بعض اراضيها الغنية بالبترول ، والتي ما زالت غير مكتشفة .

ويبدو ان الاسانيد القانونية ، والتاريخية ، وخصوصا الوثائقيـة التـي أستطاع الامريكيين تزويدها لأبن أسعود دفعته في مرات عديدة الى المطالبـة بقطر كلهـا حيـث سبق وأن قامت بريطانيا في مؤتمر الصلح في باريس أن وزعت كتيب صغير مزود بخرائط أظهرت فيه تبعية قطر للملك عبد العزيز أبن أسعود [132] .

وهذه الوثيقة التاريخية وان كانت لم تعترف بها بريطانيا كأساس قانوني ، أو حتى تاريخي لتدعيم المطالب السعودية ، الا أنها طرحت مقترحـا جديدا مـن خـلال الخط الاخضر حيث تكون الحدود الشرقية للسعودية ابتدا مـن كـل الشاطئ الغربي لدوحة السلوى ، والمركز الاستراتيجي المهم في قصر السلوى ، ومواطن استيطان الاخوان في سكاك وانباك عند قاعدة شبه الجزيرة قطر ، كما يمتد جنوبا حتى بداية (بانيان) في ابو ظبـي ، الا أن الرياض ردت على ذلك بضرورة رسم الحدود على اسـاس الاعتبارات القبليـة ، مـن حيث الولاء ، ودفع الضرائب ، والزكاة [133] .

ومن الواضح فان الخرائط الخاصة بالمنطقة الشرقية للحدود السـعودية ، وكذلك أمارات ساحل الخليج العربي ، قد شهدت تأشير خطوط عديدة ، وكل خط مرسوم يتعلق بفترة تاريخية معينة ، وربما يتعلق بمطالب أحد الـدول أو الامارات والمشايخ الداخلـة تحت الحماية البريطانية :

---

(132) للمزيد من الاطلاع ينظر علي الدين هلال ونيفين مسعد ، النظم السياسية العربية ، مصدر سبق ذكره ، ص87 .

(133) المصدر نفسه ، ص106-110 .

اولاً : الخط الأزرق والذي تـم بموجبه تحديـد الحـدود للأمـارات الداخلـة تحـت الحماية البريطانية والأمبراطورية العثمانية ، وكذلك يشمل أيضاً حدود مملكة أبن أسعود

وثانيا : الخط الآحمر الذي أشرتـه أسـرة أل أسـعود، والـذي يعبـر عـن مطالبهـا في حدودها الشرقية والذي ينتهي عند مدينة الدوحة ومنطقة محددة فيها .

وثالثاً : الخط الاخضر ـ الـذي أقترحـه البريطانيون علـى أبـن أسـعود وقدموا فيـه التنازلات عن بعض المناطق ، ومنحه أرضي في الربع الخالي . الا أن بريطانيا بموجب هـذا الخط أعترفت بسيادة شيخ أبو ظبي حتى غرب وشمال مدخل خور العْديد لكي يبقى لها أتصال مع أمارة قطر ، حيـث أن هـدف بريطانيا في تلـك الفـترة هـو أن لا يحصـل أبـن اسعودعلى ضفة على البحر شرقي جزيرة قطر .

ورابعا : الخط البنفسجي والذي يوضح الحدود الجنوبية لمنطقة أمتيازات الشركة الانجليزية - الفارسية الموقعة لعام 1935 ، ويضم هذا الخط المناطق المتنازع عليها إلى أراضي أمارة قطر .

وخامسا : الخط الأسود ، أو الخط المعروف بخط الحماية الـذي وافقـت عليـه بريطانيا على أن يكون الحد الذي تمتد اليه حمايتها لشيخ قطر ضد أي عدوان أو هجـوم من البر ، وبموجب أتفاقية 1916 . [134]

وفي الواقع ، فان التطورات التي حصلت في مناطق الانتداب البريطاني ، وأغتصاب فلسطين من خلال الهجرات اليهودية المنظمة التي واجهت مقاومة عربية وفلسطينية في ثورة 1936 وبوادر الحرب العالمية الثانيـة التي كانت وشيكة وعـلى الأبـواب ، دفعـت بريطانيا الى التنازل عن مواقفها ، ولكن على حساب قطر التي أقترحت لـه حـدوداً تمتد على خط مستقيم عـلى شـاطئ دوحـة السـلوى عـلى مسـافة اربعـة أميـال الى الشـمال الشرقي من نقطة على شاطئ البحر القريبة من قصر

---

(134) المصدر نفسه ، ص 110-111

السلوى ويمتد نحو الجنوب الشرقي لمسافة عشرة أميـال . الا ان الـرد السـعودي كان يطالب بادخال جبل بخش ضمن حدود المملكة وذلك حسب الاتفاق الـذي حصـل مع شيخ قطر مباشرة مقابل ان لا تطالب الرياض بجبل دخان والشريط المسمى العريق ويبدوا ان هناك عدم معرفـة متاحـة للسـعوديين عـن أحـوال المنطقـة لا جغرافيـاً ، ولا سياسياً ، حتى ان الرياض لم تعرف موقع العروق او العريق التي رأت فيها تتبـع صحراء النفوذ ، بينما تقع جنوبي جبـل بخـش الواقع شـمالي قصرـ السلوى أي في المكـان الـذي حددته بريطانيا كنقطة نهاية للحدود السعودية ، وبهذا فقـد أعلـن رانـدل عـلى تحديـد الملك لجهله ما مرسوم على الخارطة ، والارض ، لانه يعني بذلك ترك جبـل بخـش لقطـر .
(135)

(135) المصدر نفسه ، ص 114-120

النزاع الحدودي السعودي - القطري

على موقع الخفوس

إن من بين النتائـج التي أفرزتهـا الحـرب العالميـة الثانية هي تراجع المكانـة العسكرية , والسياسية والاقتصادية لبريطانيا العظمى , التي أنهكتها الحـرب , وجعلت مستعمراتها تستقل عنها الواحدة بعد الأخرى . مما جعل موقفها ضعيفاً جداً ولا سيما في منطقة الخليج العربي , على الرغم من احتفاظها بمحمياتها وشركاتها البترولية , إلا انها ذيلاً تابعاً للسياسية الأمريكية . وفي هذه السنوات أيضاً التي جاءت بعد الحرب تأكدت وجهة نظر السعودية من إن الخلافات الحدودية لا يمكن التوصل لحلها إلا مـن خلال المفاوضات الثنائية على المناطق المتنـازع عليها وبـدون تـدخل خـارجي , وخصوصاً وأن هناك أطرافا دولية لها مصالحها الحيوية في هذه المنطقة التي غدت ساحة للتنافس ما بين الشرق والغرب ومن هنا فأن السعودية قـد دخلت في مفاوضات عديدة مع دول الساحل الشرقي لتسوية خلافاتها الحدودية , وان كانت لم تكن تسويات دائمـة , ولكنها حدود هادئة إلا في بعض الحالات الطفيفة . فبعد إصرارها على امتداد حدودها الى خـور العديد ورفض بريطانيا لهذا المطلب في اكثر مـن مـرة , فقـد استطاعت الرياض إقناع الإمارات بالتنازل عن هذا الجـزء الى السيادة السعودية في اتفاقيـة 1974 , وهو خليج صغير يقع جنوب قطر . وقد استطاعت السعودية ان تحوله الى قاعدة بحريـة صغيرة , الأمر الذي أثار احتجاج دولة قطر , واعتبرته محاولة لسد الطريق على قطر ومنعها مـن أي اتصال تجاري مباشر في الطريق البري مع دولة الإمارات , ويجعلها محاطـة بالأراضي السعودية وعلى القطريين أن يمروا بنقاط المرور السعودية قبل الوصول الى الإمارات [136] .

وفي الواقع , فأن حادثة مخفر الخفوس كانت الأولى من نوعها بين دول

---

(136) محمد مصطفى شحاتة :الحدود السعودية مع دول الخليج العربي , مصدر سبق ذكره ص224 .

أعضاء مجلس التعاون الخليجي , حيث يصل الخلاف على نقطة حدودية الى هذا النزاع المسلح , والتي تأتي بعد اكثر من سنة من اندلاع حرب الخليج الثانية بين العراق والكويت , كما انها تأتي بعد فترة طويلة من تسوية النزاعات والخلافات الحدودية بين قطر والمملكة العربية السعودية , حيث توصلا في عام 1965 الى اتفاقية أثبتت فعاليتها طوال السنوات الماضية في استقرار حدودهما , وعدم إثارة أية مشاكل اخرى .

ويبدو إن القراءة المتأنية للمدركات السعودية وخصوصاً ما بعد فترة الستينات حيث المد القومي , هو انها ارتكزت على تسوية مشاكلها السياسية والحدودية مع جيرانها , والتخلي عن نزعة التوسع الحدودية المصحوبة بالحماس الديني والسياسي الذي ساد فترة العشرينات , او الثلاثينات , حيث انها كانت تعبر عن ذلك الامتداد الحدودي هو حملها " الرسالة الدينية " الجديدة المتمثلة في المذهب الوهابي , وبالتالي فأن " أسلوب الضم والتوسع " وهو الاسلوب الروماني القديم (137) قد اتسمت به السياسة السعودية , إلا انها تخلت عن ذلك فيما بعد ولجأت الى أسلوب المفاوضات الثنائية والاتفاقيات , وهذا ما تجلى في الاتفاقية التي عقدت مع البحرين عام 1958 حول تحديد المياه الإقليمية , وكذلك الاتفاقيات مع عمان , والإمارات وقطر والكويت والعراق .

ولكن ما جرى في سبتمبر من عام 1992 , لم يكشف فقط عن سهولة التنصل من المعاهدات والاتفاقيات في منطقة الخليج العربي , وانما عن هشاشة التركيبة السياسية والأمنية لمجلس التعاون الخليجي الذي لم يستطع إطلاقا أن يتوصل الى أية تسوية لخلافات الحدود بين أعضاءه , وانما ترك الباب مفتوحاً لأطراف خارجية لتؤكد حضورها الفعال في الوساطة ولملمة البيت الخليجي . وهذا ما جرى في حادثة الخفوس التي اندلعت من خلال قيام قوة عسكرية سعودية باحتلال مركز

(137) خلدون نويهض : تكوين الحدود العربية , لماذا , والى أين ؟ مجلة المستقبل العربي ,العدد 187 (9) 1994 ص28 .

الخفوس القطري , حيث أن البيان الذي أذاعته الدوحة قد كشف عن مقتل عدد من الجنود , مما دفعها الى الإعلان بوقف العمل باتفاقية عام 1965 والتي لم تتضمن رسم الحدود بشكل محدد ودقيق كما يجري في مناطق اخرى , وامنا تركت الموضوع سائباً لتقدير بعض اللجان من خلال اتفاقيات ملحقة منظمة لذلك , وقد اتهم البيان القطري الذي أصدره مجلس الوزراء في اجتماع طارئاً طارئاً , السعودية بأنها سعت في الآونة الأخيرة الى رسم 70% من حدودها مع قطر بصورة منفردة خلافاً لأحكام الاتفاقية المذكورة , وإنها لم تستجيب لمطالب قطر بعقد مباحثات مباشرة لرسم حدود الدولتين بصفة نهائية .

اما الموقف السعودي والذي جاء في البيان الرسمي الذي أصدره الديوان الملكي في الأول من أكتوبر 1992 , الذي أكد فيه بأن مركز الخفوس لم يتعرض لأي اعتداء عسكري , وان حقيقة ما حدث تراشق بالنيران . كما إن الرياض في بيانها رفضت كل ما جاء في البيان القطري وخصوصاً بوقف العمل باتفاقية عام 1965, واعتبرت الرياض الاتفاقية ملزمة للطرفين ولا يجوز الإخلال بها مطلقاً . ومن اجل تهدئة الأوضاع على الحدود فقد طرح الملك فهد في الخامس من أكتوبر بأن السعودية ستعالج مسألة الحدود مع قطر " بكل حكمة وروية " ولكن وفقاً لأحكام اتفاقية 1965 [138]. وخصوصاً فيما يتعلق بالمادة الثالثة والخامسة من هذه الاتفاقية . حيث نصت المادة الثالثة على أن يعهد لإحدى شركات المسح العالمية القيام بمسح وتحديد نقاط الحدود بين دولة قطر والمملكة العربية السعودية على الطبيعة , و إعداد خريطة بالحدود البرية والبحرية بين البلدين , وتكون هذه الخريطة بعد التوقيع عليها هي خريطة الحدود الرسمية بين قطر والسعودية وتلحق باتفاقية عام 1965 باعتبارها جزءاً مكملاً لها .

ونصت المادة الخامسة على تشكيل لجنة فنية مشتركة يناط بها إعداد

---

(138) صحيفة الخليج / الشارقة /6/10/ 1992 ذكرت في يوميات الوحدة العربية , مجلة المستقبل العربي , العدد 166 (12) 1992 ص180 .

مواصفات عملية المسح وبيان نقـاط الحـدود بـين البلـدين والأشراف عـلى تنفيـذ عملية المسح (139). ومقابل الاتهامات القطرية , فأن الرياض اتهمت الدوحة بـأن القـوات القطرية استولت على 14 كم من الأراضي السعودية في الوقت الـذي كانـت السعودية منشغلة بتبعيات حرب الخليج الثانية , وقد أكدت قطر على إن الخفوس منطقة قطرية اعترفت بها السعودية طبقاً لاتفاقية 1965 , وانه لا يمكن القبول بوساطة أية جهة إذا لم تنسحب القوات السعودية من المركز (140), والعودة الى اللجنة المشتركة التي تم تشكيلها في عام 1974 ولم تعقد أي جلسة , حيث انها لم تستطع حسم عـدداً مـن النقـاط التي بقيت معلقة ومحل خـلاف . وقد استخدمت قطر مجموعـة مـن القنـوات والأساليب بهدف الضغط على المملكة العربية السعودية التي رأت مـن جانبهـا بـأن لجنة العمل المشتركة كانت على وشك القيام بتعيين الحدود , ولم يبقى سـوى الموافقـة عـلى الشركة التي ستقوم بوضع العلامات , إلا إن قطر , وحسب ادعاء الرياض , قامت بتضليل الـرأي العام . ولكن الدوحة كثفت جهودها في عدة اتجاهات .:

- الاتجاه الأول , داخل مجلس التعاون الخليجي , حيث أعلنت انسحابها من قوة درع الجزيرة التي تعتبر الذراع العسكري والأمني لمجلس التعاون الخليجي, والتي جـرى تدعيمها بعد حرب الخليج الثانية وتطوير أسلحتها .

- مقاطعة اجتماعات وزراء الخارجية لمجلس التعاون الخليجي , وكـذلك إعلانهـا عـن عدم حضورها القمة التي سوف تعقد في ديسمبر 1992 إذا لم يجـد تسـوية القضـية وانسحاب القوات السعودية .

اما الاتجاه الثاني , فهو ضمن الإطار الإقليمي حيث استأنفت علاقاتها الدبلوماسية مع العراق الذي عبر عن تأييد قطر في نزاعها الحدودي مع السعودية , كما أعادت فتح سفارتها,وأعادت سفيرها الذي قابل الرئيس العراقي صدام حسين,

(139) محمد مصطفى شحاتة : الحدود السعودية مع دول الخليج العربي , مصدر سبق ذكره ص225

(140) علي الدين هلال , نيفين مسعد , مصدر سبق ذكره ,ص87 .

وسلمه رسالة من أمير قطر.كما لوحت قطر بالورقة الإيرانية حيث أرسلت مبعوثاً خاصاً لطهران التي أعلنت تأييدها للمساعي القطرية التي التجأت الى تدويل الأزمة وإرسال وفود الى الأمين العام للأمم المتحدة,ورسائل الى مجلس الأمن [141]

والشيء اللافت للنظر في هذه الأزمة هو الصمت الأمريكي الذي لم يتخذ أي موقف , حيث إن الوساطة الفرنسية من خلال زيارة وزير الخارجية الفرنسي ـ السابق رولان دوما الى الرياض والدوحة , قد أكدت على ضرورة حل الأزمة ضمن إطار مجلس التعاون الخليجي , الذي اثبت محدوديته في تسوية القضايا محل الخلاف بين أعضاءه .

إلا أن الوساطة المصرية قد أفلحت في النهاية في جمع القيادات القطرية والسعودية في قمة ثلاثية , برئاسة الرئيس المصري حسني مبارك الذي سبقها بجولات مكوكية بين عاصمتي الدولتين,وتقريب وجهات النظر,والتي تمخضت في لقاء العاهل السعودي الملك فهد وأمير دولة قطر الشيخ حمد بن خليفة أل ثاني,حيث أصدرت القمة الثلاثية في العشرين من ديسمبر 1992 بيان تضمن الاتي:

- تنفيذاً لاتفاق الحدود الموقع بين السعودية وقطر في 1965/12/4تم الاتفاق على أضافة خريطة موقعه من قبل الطرفين تبين فيها خط الحدود النهائي والملزم لكلا الطرفين .

- تشكيل لجنة سعودية - قطرية مشتركة وفقاً للمادة الخامسة من الاتفاق يناط بها تنفيذ جميع بنود احكام اتفاق 1965، حيث وضع علامات الحدود طبقاً للخريطة المرفقة والاستعانة بشركة مسح عالمية.

- تنتهي اللجنة من اداء مهمتها المذكورة خلال عام واحد من التوقيع على البيان المشترك الذي صدر في المدينة المنورة [142]

---

(141) مجلة المستقبل العربي , موجز يوميات الوحدة العربية العدد 168 (2) 1993 ص192 .

(142) محمد شحاتة ، مصدر سبق ذكره ، ص226 ،وينظر كذلك صحيفة الاهرام القاهرية في عددها الصادر 1992/1/20 ذكرت في المستقبل العربي ،مؤجر يوميات الوحدة العربية ، العدد 168 (2) 1993 ص192

الا أن هذا البيان الذي اعقبته سلسلة من المفاوضات والتنازلات من جانب قطر خصوصاً التي سحبت سفيرها من بغداد،لم ينفذ بشكل عملي الا في عام 1996 ، حيث عادت السعودية وقطر الى الاتفاق على ترسيم الحدود بينها وأستئناف أعمال اللجان المشتركة لأختيار شركة مسح عالمية لمسح نقاط الحدود بين البلدين وتحديدها على الطبيعة [143] . وقد عهد الى احدى الشركات الفرنسية مهمة أعداد الخرائط النهائية لتسريم الحدود بين الدولتين وقد امنت الشركة أعمالها في يونيو 1999 حيث تم على أثرها التوقيع في الرياض على الخرائط النهائية للحدود البرية وقد استغرق العمل لترسيم الحدود حوالي عامين ونصف العام كانت اللجان المشتركة تعمل من خلالها لاعداد خرائط الحدود البرية من ((العبيد)) الى ((ابو سمرة)) [144]

(143) صحيفة الخليج /الشارقة 1996/4/8 ذكر في مجلة المستقبل العربي العدد 208 19966 ص191

(144) موجز يوميات الوحدة العربية (العلاقات العربية - العربية) مجلة المستقبل العربي العدد 246(8) 1999 ص182، حيث أشارت الى ذلك صحيفة الحياة اللتدنية 1999/8/9.

المبحث الرابع

خلافات الحدود السعودية مع البحرين ، اليمن

مما لا شك فيه ، أن النفط ، وخلال كل العقود الماضية ، وحتى في المستقبل ، فأنه هو الحاكم في منطقة الخليج العربي ، وهو المحدد لكل الاعتبارات والمعايير ، وفي كافة المجالات ، وحتى في مسألة الحدود ، وخلافاتها ، وصراعاتها المسلحة ، وحلها بالطرق السلمية أو غيرها . حيث لا يوجد أي عامل موضوعي أو مادي أخر ، كما يقول عبد الخالق عبد الله [145] .يضاهي النفط في شمولية تأثيره وأهميته بالنسبة إلى التطورات الحياتية اليومية والسياسية في دول الخليج العربي ، بل أن النفط هو من الحيوية ، بحيث اصبح امر بقاء هذه الدول وفناءها كوحدات سياسية مستقلة ومتماسكة مرتبطاً أشد الارتباط ببقاء النفط وفناءه، لذلك لا توجد اهمية معاصرة تذكر لهذه الدول خارج سياق الاهمية النفطية التي اضفت على الخليج العربي حضوره وحيويته الدولية والاستراتيجية .

ومن هنا فأن دول المنطقة أدركت ذلك وسعت إلى تسوية خلافاتها وتنظيم حدودها ، ومنح أمتيازات التنقيب والاستكشافات بالشكل الذي لا يثير أي مشاكل مستقبلية ، ولا سيما وان التقديرات قد أشارت إلى الاحتياطات الضخمة التي تختزن في أرض منطقة الخليج العربي ، وفي جزره ومياهه جعلت منه نقطه الجذب والتنافس في محددات القرن الحادي والعشرين .

وضمن هذا المسار فأن المملكة العربية السعودية توجهت نحو البحرين ، حيث لا توجد معها حدود برية ، ولكن النزاع الذي اندلع (بشكل سلمي) قد تركز على الحدود البحرية ، ولا سيما على منطقة ضحلة تسمى "فيشت أبو سعفه" التي تقع فيها جزيرتان هما : لبينه الكبرى ، ولبينه الصغرى حيث الخلاف

---

(145) عبد الخالق عبد الله : العلاقات العربية - الخليجية ، مجلة المستقبل العربي ، العدد 205 (3) 1996 ، ص 19 .

امتد إلى سنوات الحرب العالمية الثانية ، عندما قررت حكومة البحرين عـام 1941 منح أمتياز التنقيب لشركة نفط البحرين المحدودة في منطقة أبـو سـعفه ، إلا أن السعودية عبرت عـن احتجاجها الشـديد ، مما ادى إلى وقف أعمال التنقيب ، وقـد عقدت مفاوضات في لندن برعاية بريطانيا لتسوية النزاع الحدودي على المياه الاقليمية ، حيث قدمت لندن كعادتها مقترحاً نص علـى أن تحصل البحـرين على جزيـرتي لبينه الكبرى والصغرى ، وأن تحصل السعودية على أبو سعفه ، إلا أن الريـاض رفضت المقترح وطالبت بضم منطقـة أبـو سـعفة وجزيرة لبينه الكبرى ، علـى أن تـترك الصغرى إلى البحرين ، وعـادت المفاوضات من جديد في عـام 1954 ، حيـث وافـق السعوديون علـى مبدأ لتقسيم أبو سـفعة وتوزيع البـترول المسـتخرج مناصفة دون الحاجـة إلى تقسـيم الحقل نفسه من الناحية الجغرافية . ووقعت الرياض والمنامة على اتفاقية في 5/ مارس / 1958 حصلت بموجبها البحرين على نصف العـائد الصافي من البـترول المسـتخرج مـن أبـو سعفه ، وتنازلت عن مطلبها الخاص بالسيادة على فشت على أبـو سعفه ، وتركت السـعودية الجزيرتين للبحرين بدون تحديد المياه الاقليميه ⁽¹⁴⁶⁾ .

اما خلافات الحدود السعودية - العُمانية ، فأنها تمتد إلى مطلع هذا القرن حيث الخلاف السعودي - البريطاني هو الـذي أطر تلك العلاقـات مع سـلطنة عُمان ، وأمـارة مسقط ، حيث الطموحات التي أبدتها الرياض في توسيع حدودها في صحراء الربع الخالي والتي اعتبرها ابن أسعود في وقتها أمتداد طبيعي لمملكتـه في الصحراء الواسعة ، حيـث الاتفاقات مع بريطانيا قد سمحت لـه بالامتداد الحـر على مساحة واسعة مـن أمـلاك أجداده مقابل تنازل ابن أسعود عن واحة البريمي حين

---

(146) محمد مصطفى شحاته ، مصدر سبق ذكره ، ص 223 . وينظر كذلك حول النزاع على جزيرة أبو سعفه : محمد رشيد الفيل : الاهمية الاستراتيجية للخليج العربي ، مصدر سبق ذكره ، ص 46 .

منحت أتفاقية 1913 منطقة الربع الخالي إلى السعودية [147]

وبقيت الخلافات السعودية - العُمانية خامدة تحت رمال صحراء الربع الخالي ، ولم يجر التطرق اليها إلا في مطلع التسعينات عندما وقع الملك فهد عاهل السعودية والسلطان قابوس أتفاقية عام 1990 التي وضعت حداً لهذا الخلاف الطويل ، حيث ضمنت حقوق السيادة لكلا الدولتين وتحديد مناطق الرعي . ولكن التسويات الحدودية التي توصلت اليها عُمان مع اليمن والإمارات اثارت حفيظة السعودية التي دعت في مذكره الى الامانه العامه للامم المتحدة وسلطنة عُمان الى البحث في الخلاف على اتفاقيات الحدود بين السعودية والسلطنة والامارات . وجاءت المذكرة السعوديه رداً على مذكرة عُمانيه احتجت على قيام السعودية بتوثيق اتفاقية جده لحدود التي وقعتها مع الإمارات التي تشمل في احكامها اراضي تعتبرها عمان خاصة للسيادة العُمانية [148] وبالمقابل فان جمهورية اليمن عبرت عن احتجاجها ورفضها لهذه الاتفاقية(1990) التي بقيت بنودها سرية واعلنت بأنه لا يوجد بين السعودية وعُمان في هذا الجزء من الجزيرة العربية اية حدود . وهو الجزء الذي تطلق عليه اليمن الصحراء اليمنية الكبرى وأعتبرت بأن هذا الاتفاق قد تم بين من لا يملك ، وأضافت صنعاء في معرض رفضها للاتفاقية بأنها تحتفظ بحقها في هذا الشأن ولا سيما وانها كانت في طريق التوحيد مع الشطر الجنوبي [149] . إلا أن هذه الانتفادات اليمنية لم تثير أي رد فعل سواء كان من الرياض أو من مسقط ، حيث واصلت الدولتان مساعيهما لتنظيم الحدود ، وتم في الرياض التوقيع على الخرائط النهائية

(147) التطورات السياسية في دولة الامارات ، مصدر سبق ذكره ، ص249 . وينظر كذلك عبد الله مشعل : قضية الحدود في الخليج العربي / مركز الدارسات السياسية والاستراتيجية القاهرة / 1987

(148) صحيفة الحياة ،لندن /26/تشرين الاول /1994 ،وينظر موجز يزميات الوحدة العربية ،العدد 190 (12) 1994 ،ص 174.

(149) محمد مصطفى شحاته ، مصدر سبق ذكره ، ص 224 .

لترسيم الحدود المشتركة بينهما وذلك تنفيذاً للاتفاقية الموقعة بـين السعودية وسلطنة عُمان في مدينة حفر البـاطن في السعودية في الحـادي والعشرـين مـن مـارس 1990 [150].

كما أن سلطنة عُمان ، وبعد توحيد الشطري الجنوبي والشمالي لليمن التجـأت إلى تسوية الخلافات الحدودية التي دخلت في مفاوضات طويلـة استغرقت عشرـ سنوات اسفرت عن ترسيم الحدود بينهما ، والتي توجت بزيارة السلطان قابوس إلى صنعاء في شهر أكتوبر عام 1993 ، وهي الزيارة الأولى منذ عام 1970 [151].

الخلافات الحدوديه بين السعوديه واليمن

اما بصدد الخلافات السـعودية - اليمنية فأنهـا ترجـع إلى السـنوات الأولى التـي بدأت فيها الدولة السعودية الأولى تخطو خطواتها التأسيسيه ، حيث دولة الأدارسـه في عسير ونجران كانت من اشد المنافسين لسلطة أل أسعود ، وأمتدادها على الجزء الجنوبي من شبه الجزيرة العربية . إلا أن السعودية التي انطلقت في بناء اركان دولتها المرتقبة ، وخاصة حدودها الجنوبية - الشرقية ، لم تستطع أن تضم اليمن بسبب النفوذ البريطاني الذي بعد سيطرته على عدن ضمن بقاء دولة الامام بعيداً عن أية اعتداءات خارجية ، أو منافسة القوى الاخرى . حيث اولا ضمنت حدودها من ناحية سلطان مسقط وداخلية عُمان من خلال عقد أتفاقية السيب في عام 1920 [152] . وبريطانيا في جهودها هذه كانت تلعب في منطقـة حساسة مـن المـذاهب الدينيـة المتباينـة بـين الوهابيـة ، والزيديـة ، والاباضية ، والتي وظفتها بشكـل جيد لصالح سياسـتها الاستعمارية : أولاً في أضعاف الاتراك والانتصار عليهم في الحرب ، ومن تم

---

(150) صحيفة أخبار - المنامـة في 11 / يوليـو 1995 . ينظر مجلـة المسـتقبل العربي مـوجز يوميات الوحدة العربية ، العدد 199 (9) 1995 ، ص 173.

(151) مجلة المستقبل العربي ، العدد 178 (12) 1993، ص 170 .

(152) حولية كلية الانسانيات والعلوم الاجتماعية / جامعة قطر - الدوحة - العدد التاسع عشرـ - 1996 - ص 167 .

بسط سيطرتها على هذه المناطق بدون أي منافس . وقد أدرك السعوديون منذ البداية هذه النوايا البريطانية ، حيث الاتفاقيات التي توصلوا إلى عقدها مع حكومة لندن ، أو الهند ، والمفاوضات التي جرت مع وزارة المستعمرات ، قد أفضت إلى توسيع مملكتهم من خلال اللعب بنفس الاوراق البريطانية . وقد تمكن أل أسعود بعد فترة قصيره من اعلان دولتهم في الرياض شن حرب ضد سلطة الامام يحيى في عام 1934 كادت تسفر عن ضياع ليس فقط نجران وعسير ، وانما حتى صنعاء ، إلا أن الوساطات التي تدخلت اجلست الجانبين حول طاولة الطائف والتي افضت إلى وضع حد للخلافات الحدودية وضم عسير إلى السعودية (153) . إلا انها لم تخطط حدود ثابتة ودائمة بين الدولتين ، حيث أن المطالب السعودية ما زالت حتى وقت قريت تؤكد في كل اللجان المشتركة التي تألفت ، ترتكز على الحقوق التاريخية في الجوف ومأرب وحضر موت (154) .

ويبدو احياناً أن التطورات السياسية التي كانت تجري في شبة الجزيرة العربية والخليج العربي قد وقفت عائقاً امام انجاز المطالب السعودية في تحديد حدودها حيث أن التطورات التي حصلت في اليمن والحرب التي خاضتها السعودية داعمة للامام بدر ضد النظام الجمهوري الذي حظي بمساعدة عسكرية مصرية ، قد وضعت ملف الحدود على جانب اخر . إلا أن تسوية الأوضاع في اليمن، وانسحاب الجيش المصري،وتحرر جنوب اليمن من الاستعمار البريطاني، وتوحد اليمن بشطريها الشمالي والجنوبي،قد جعل كل الاطراف تبحث في ملفاتها القديمة لتسوية خلافاتها الحدودية ، وخصوصاً وان ازمة اغسطس 1990 بين العراق والكويت أعطت القناعة للكل بأن مبدأ التفاوض هو الطريق الاسلم لحل الخلافات الحدودية .وهذا ما عبرت

---

(153) عبد الله فؤاد ربيعي : قضايا الحدود السياسية ، مصدر سبق ذكره ، ص 43 ، وينظر كذلك صلاح العقاد : الاطار التاريخي لمشكلات الحدود العربية ، مجلة السياسة الدولية عدد 111 / 1993

(154) محمد صبحي : الحدود والموارد الاقتصادية ، مصدر سبق ذكره ، ص 193 .

عنـه السعودية،واليمن،حيث شرعتا في تشكيل لجـان ترسيم الحدود،وتسوية الخلافات السياسية بالشكل الذي يضمن الأمن والاستقرار في المنطقة ويسـد كـل الطرق التي تشكل منافذ للتدخلات الخارجية ⁽¹⁵⁵⁾.

ورغم هذه المفاوضات عبر اللجان المشتركة التي تجتمـع تـارة في الرياض ، وتـارة أخرى في صنعاء إلا انه لم يتم وضع حد نهائي لهذه المشكلة ، على الـرغم مـن أن المملكـة العربية السعودية قد صادقت على مـذكرة التفاهم مـع اليمن في 26 / فبراير / 1995 لتسوية الحدود بينهما ، إلا أن اجتماعات اللجان المشتركة التي عقدت في منتصف يونيـو 1998 في الرياض وصنعاء بالتناوب لم تنتهي من هذه المشكلة التي لم تكن في جوهرهـا إلا مشكلة سياسية قبل أن تكون مشكلة فنية .

حيث رسمت على منطقة الحدود المتنازع عليها خطـوط عديـدة مـن بينها خط الحدود السعودي الذي يعود إلى عام 1935 ، وخط الحدود السعودي أيضاً الذي تراجـع في عام 1950 والذي أطلق عليه اسم "هيكم بوثم" نسبة إلى اسم الحاكم البريطاني عـلى عدن والهدف منه كان حماية المصالح البريطانية . وباستقلال جمهورية اليمن الجنـوبي آنذاك ، فأن نظام عدن السابق أعترف بحدود دولته الموروثة مع جيرانهـا ، والعمل عـلى احترام الحدود ، إلا أن التطورات السياسية التي حدثت من اندلاع حركة ظفار المسلحة ، حيث أعادت من جديد فتح الملفات الحدودية وخصوصاً بين اليمن وعُمان ، إلا انها مـع السعودية كانت اقل حده وهادئة ، إلا أن ما جرى في مطلع عقد التسعينات ، وكما أشرنا سابقاً ، قد عقد المشكلة ، الأمر الذي دفع الرئيس الأمريكي السابق جورج بوش ، ولحماية مصالح شركات النفط

---

(155) جودت بهجت وحسن جوهر : عوامل السـلام والاستقرار في منطقـة الخليج العربي في التسعينات ، ارهاصات الداخل وضغوطات الخارج / مجلة المستقبل العربي ، العـدد 211 (9) 1996 ص 35، وكذلك ينظر مجلة المستقبل العربي العدد 163 (9) 1992ص 127 ، وكـذلك العـدد 169(3) ص 171 ، حيث أن لجنة من خبراء حدود السعودية - اليمنية في الرياض جولة من المحادثـات لترسـم الحدود (صفيحة الحياة -لندن - 15 / 1 / 1993.

الأمريكية العاملة في اليمن الموحد إلى توجيه رسالة إلى الرئيس اليمني على عبد الله صالح حثه فيها إلى حل النزاع الحدودي مع السعودية عبر المفاوضات ، بعد ما كانت الرياض قد طلبت من شركات النفط الأمريكية إيقاف اعمال التنقيب في أراضي متنازع عليها[156] . ويبدو أن طريق المفاوضات الثنائية كان الطريق الأسلم بين الرياض وصنعاء ، لكنه إلى الان بقي يدور في اجتماعات اللجنة ، وكيفية الترسيم ، إلى أن انفجرت من جديد حول عدد من الجزر التي تقع في ارخبيل في البحر الأحمر قبالة السواحل اليمنية ومواجهة لنقطة حدودية ارضية لا يزال الخلاف قائماً عليها بين صنعاء والرياض على الرغم من اللقاءات التي جرت بين مسؤولي الدولتين وكان أخرها لقاء روما في ديسمبر 1997 بين وزير الدفاع والطيران السعودي سلطان بن عبد العزيز والرئيس اليمني علي عبد الله صالح الذي أعلن عقب هذا الحادث الحدودي والذي تلجأ تمثل في احتلال السعودية لجزيرة دويمه ،بأن بلاده سوف تلجأ إلى التحكيم الدولي وهو الأمر الذي يزعج السعودية كثيراً ، لانها تدرك مسبقاً خسارتها لهذه المسألة التي لا تستند فيها إلا على "حقوق تاريخية" أكل عليها الدهر وشرب ، وتفضل بدلاً من ذلك المفاوضات الثنائية بغية الحصول على تنازلات تشكل في أسوأ الاحوال مكسباً لها[157] .

وبهذا الصدد ، فأن خلافات الحدود اليمنية - العُمانية قد اتخذت هي الأخرى طريقاً إلى الحل بعد زيارة السلطان قابوس إلى صنعاء ، حيث أن الاتفاق الذي توصل الطرفان أليه (صنعاء ، ومسقط) كان أتفاقاً جوهرياً أسقط في أعتباره كل الحقوق التاريخية ، والعوامل والاعتبارات الاخرى التي تحكمت بالحدود سابقاً، وحتى الاتفاقيات التي توصلوا اليها،وخاصة اتفاقية 1965 حيث تجازوها الطرفان،مما أدى وضع خط مستقيم للحدود،وعدم سعي كل طرف إلى تحقيق مكاسب على حساب الطرف الاخر ،حيث انطلق خط الحدود من منطقة "قرية علي"على المحيط الهندي ،

(156) مجلة شؤون الأوسط ، بيروت ، العدد 11أغسطس 1996 ، شهريات ، ص 106 .

(157) ينظر في ذلك صحيفة بابل البغدادية في عددها الصادر في 22 يوليو 1998 ، ص 4

بصورة مستقيمة حتى منطقة (حبروت) لتعرج قليلاً ثم ينطلق بعدها بصورة مستقيمة في اتجاه صحراء الربع الخالي إلى النقطة التي تلتقي فيها الحدود بين كل من عُمان واليمن والسعودية[158] وعلى وفق مبدأ لا ضرر ولا ضرار .

ولأول مرة في تاريخ نزاعات الحدود في منطقة الخليج العربي تخرج هـذه المسألة من مظلة الحدود الموروثة ، والحق التاريخي ، وحتى القبلي ، إلى مرحلة جديدة مـن الوفاق ، والتعاون بغية الأمن والاستقرار ، وهو الأمر الذي أدى إلى قيام المملكة العربيـة السعودية بالتشكيك بهذا الاتفاق وتقديمها احتجاجات إلى جامعة الدول العربية و الأمم المتحدة على أعتبار أن الأتفاق اليمني - الـعُماني لم يحفظ الحقوق السعودية في المنطقة المتنازع عليها ، وهو أيضاً الاتفاق الذي لا تشكل طرفاً فيه ، و الذي يعتبره البعض القشة التي قصمت ظهر المفاوضات اليمنية - السعودية حـول ترسيم الحـدود . أذ أن الجهـود بين الدولتين افضت إلى عودة انعقاد اجتماعات الدورة الرابعـة عشرة للجنـة العسكرية اليمنية - السعودية المشتركة الخاصة بمسألة ترسيم الحدود بين البلدين ، حيـث بحثت القضايا المتعلقة بالجوانب العسكرية والأمنية ذات الصلة بالمفاوضات الحدودية بين البلدين [159] . وقد أفضت هذه المفاوضات إلى التوقيع على الاتفاقية المشتركة لإنهاء أزمة الحدود بين البلدين في مدينة جدة في 12/ حزيران/ 2000 لتضع حداً لنـزاع حدودي استمر 66 عاماً ، وقد عهد إلى إحدى الشركات الدولية لاستكمال المسح النهائي ورسـم الحدود النهائية .

---

(158) حسن أبو طالب : حالة الحدود اليمنية مع عُمان والسعودية ، مجلة السياسة الدولية / العدد 111 /

1993 . ص 216 . وينظر كذلك علي الدين هلال ونيفين سعد ، مصدر سبق ذكره ، ص 90 .

(159) ينظر صحيفة الحياة اللندنية في عددها الصادر 16 فبراير 2000 مع مـوجز يوميـات الوحدة العربيـة

،مجلة المستقبل العربي ، العدد 2000/4 (254) ص174.

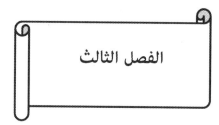

الفصل الثالث

3

خلافات الحدود القطريـة مع البحرين ودولة الإمارات

المبحث الأول : الخلافات القطريـة - البحرينيـة .

المبحث الثاني : خلافات الحدود القطرية - الإماراتيـة .

المبحث الأول

((مشاكل الحدود القطرية - البحرينية))

الشرعية القبلية ومشكلة منطقة زبارة :

في الواقع ، أن الاستعمار البريطاني ومن خلال سيطرته على منطقة الخليج العربي قد أحدث وعن عمد تداخل وتشابك في الحدود بين الامارات والمشايخ كي تبقى المسألة قابلة للانفجار في أية لحظة يراها مناسبة لذلك ، وهذا ما قام به جوليان روكر ذو العقلية الاستعمارية المعروفة ، والذي وضع خريطة الامارات ، وسلطنة عُمان ، وكذلك قطر والبحرين [159] ، حيث حاول بكل خبث زرع اللغم في هذه المنطقة من الأمة العربية ، وان تتحكم بريطانيا والقوى الاستعمارية الأخرى بعملية نزع الفتيل في الوقت المناسب ، وهذا ما حصل بالتحديد في الخلافات التي نشبت بين قطر والبحرين على منطقة زبارة ، او فيما بعد على جزر حوار ، وغيرها .

تاريخياً، تعتبر البحرين أقدم في الوجود والنشوء السياسي من قطر ، حيث كانت البحرين ومنذ صدر الاسلام المركز التجاري المهم في المنطقة ، وكانت هدفاً للغزوات العديدة ، وخصوصاً من الضفة الأخرى للخليج العربي .

وكانت مملكة البحرين تسيطر على مناطق واسعة ، وبضمنها مشيخة قطر التي كانت كغيرها من المناطق أيضاً مستوطناً لكثير من القبائل العربية التي هاجرت من شبه جزيرة العرب على حقب التاريخ المتتالية . وقبائل قطر ينتمون الى قبيلة العتوب التي توجهت شطر الكويت واستقرت فيها [160] ، إلا ان الصراعات التي

(159) شاهر الرواشدة ، مصدر سابق ، ص 58 .

(160) فائق حمدي طهبوب : تاريخ البحرين السياسي : 1783 - 1870 ، منشورات ذات السلاسل ، الكويت /1983 .

انفجرت بين شيوخ القبائل دفعتهم الى الهجرة الى قطر في منتصف القرن الثامن عشر ، في الوقت الذي كانت فيه البحرين تحت سيطرة الفرس . وبتعاون قبائل قطر بدأ الحكم العربي في البحرين تحت رئاسة آل خليفة الذين فتحوها في عام 1783 ، وكان موطنهم الأصلي في منطقة زبارة القطرية . ومنذ ذلك التاريخ فقد أضحت قطر والبحرين حلقة الصراع الكبرى ما بين الامبراطورية العثمانية والامبراطورية البريطانية . وعلى الرغم من ان مسألة زبارة التي يعتز بها آل خليفة بشكل كبير لأنها موطن أجدادهم ، قد حسمت منذ عام 1875 عندما أعلنت بريطانيا بان هذه المنطقة تابعة لقطر [161] ، إلا ان قدوم المغامر النفطي فرانك هولمز الذي لقب بأبو النفط الى المنطقة وحصل على امتياز للتنقيب عن النفط في البحرين عام 1925 قد أدى الى ارتفاع حدة الخلافات ، وزادت من أهمية المنطقة اقتصادياً واستراتيجياً ، إذ انه حتى ذلك التاريخ كانت تقارير الخبراء تشير الى انعدام وجود النفط في هذه الضفة الأخرى من الخليج العربي [162] .

وكما أكدنا في السطور السابقة ، إن مشكلة زبارة لم تكون محط خلاف بين قطر والبحرين إلا بعد عام 1868 وهي السنة التي انفصلت فيها قطر عن البحرين ، واصبحت كل مشيخة تبحث عن حدود تحدد بها سيطرتها على القبائل المستوطنة في أراضيها من أجل الضرائب على صيد اللؤلؤ ، ومناطق الرعي ، وصيد الأسماك . وتتلخص المشكلة من أساسها هو في انسحاب رجال من قبيلة بن علي بزعامة سلطان بن سلامة من البحرين الى قطر واقامتها في الزبارة ، والشكوى التي تقدمت بها قبائل آل نعيم التي تسكن الزبارة ، الى حاكم البحرين ضد شيخ قطر الذي حاول اقامة مركز جمركي في الزبارة ، الأمر الذي اعتبرته البحرين تجاوزاً على حقوق سيادتها وموطنها الأصلي. اذ يذكر تشالز بلجريف المستشار البريطاني لحكومة البحرين في كتابه ((حياتي الشخصية)) ان أحد شيوخ البحرين السابقين قال لو

(161) عبد العزيز منصور : التطور السياسي لقطر ؛ مصدر سابق ، ص 128.

(162) محمد صبحي : الحدود والموارد الاقتصادية ، مصدر سابق ، ص 192.

سئلت بعد الموت فلن أجيب إلا بكلمة زبارة [163] .

وعلى الرغم من أن بريطانيا حسمت أمر منطقة زبارة بكونها عائدة لإمارة قطر مقابـل الاعتـراف البريطـاني بعـودة جـزر حـوار إلى البحرين ، إلا ان المسـألة تطـورت في اتجاهات أشد من السابق ، وخصوصاً وان الاكتشافات البترولية أشعلت الخلاف الى أعـلى درجاته التي تمثلت في حـرب الزبـارة في " الصيـف " 1937 بعـد فشل المفاوضـات التـي حصلت بين الجانبين وبرعاية بريطانيا ، التي كانت هي سبب المشكلة وتأجيجها لقضيـة زبارة في مواجهة النفوذ التركي ، وكذلك ضد طموحات ابن أسعود في المنطقـة ، اضـافة الى المواقف الأخرى التي برزت اثناء الأزمة حيث السعودية التي وقفت ضد قطر وأعلنت بالمقابل وساطتها، والكويت حيث الارتباط القبلي وصلة الدم والقرابة وقفت مـع قطر .

ومن سخرية الأحداث ، ان بريطانيا وعن طريق مقيمها السياسي في البحرين حذرت قطر بعملها العسكري من مغبة الإعتـداء على الرعـايا البريطـانيين او أصـابتهم بـأذى مـن جـراء الحرب التي أعلنوها ، وبعد التحقيق ظهر انه لا يوجد في قطر أو زبارة غير هندي واحـد يحمل جواز سفر الهند ، ومقيم في المنطقة منذ عشرين عامـاً في الدوحة مع زوجته [164] .

وقد عبرت البحرين عن مطالبها بمذكرة ارسلت الى المقيم السياسي البريطـاني ، حددت فيها المناطق التي تطالب بها في : الثقاب ، الفريحـة ، عـين محمد، أم الشـويل ، الزبارة ، قلعة أم رير، العريجيجة ، حلوان ، ليشة ، ماشوشي ، المحرقة .

وقد طرحت أفكار عـدة لتسوية هـذه المشكلة ، ومـن بينهـا فكرة المنطقـة المحايدة، وهي الفكرة او المقترح الذي وجد لـه أرضية عمليـة للتنفيـذ فيمـا سبق مـن مشاكل الحدود ، إلا ان بريطانيا التي تخلت عن هذا الاسلوب اقنعت الطرفين بصياغة " اتفاقية الزبارة" في عام 1944 والتي تعهد فيها حاكمي قطر والبحرين

---

(163) عبد العزيز منصور ، مصدر سبق ذكره ، ص 128 وينظر كذلك محمـد أبو الفضل : النـزاع بـين قطـر والبحرين ، مجلة السياسة الدولية العدد1111/ 1993/ ، ص 227.

(164) عبد العزيز منصور ، ص 136 - 138 .

باعادة العلاقات الودية بينهما كما كانت عليه في الماضي ، ويتعهد حاكم قطر من جانبه بأن تظل الزبارة دون ان يعمل فيها أي شئ خلافاً لما كان في الماضي ، ويتعهد حاكم البحرين أيضاً بدوره بألا يفعل أي شئ على الاتفاقية مع شركة النفط في قطر التي تبقى حقوقها مصونة ، واضاف المقيم البريطاني في صياغته للاتفاقية عبارة الحفاظ على مصالح السادة أصحاب الامتيازات النفطية المحدودة [165] . وهي النقطة التي تشغل اهتمام بريطانيا دون أي نقطة أخرى في الخلاف الحدودي .

(165) المصدر السابق ذكره ص 150.

المشاكل الحدودية على جزر حوار وفشت الديبل

يبدو أن الجمل الصغير الـذي تكنى بـه جـزر حـوار ، لم يقصم ظهر العلاقات القطرية - البحرينية ، وإنـما أطـاح بكـل المرتكـزات التـي أسـتند اليها مجلس التعاون الخليجي في أول خطوة منذ تأسيسه وحتى الوقت الحاضر ، حيث انها نشبت بعد سنة واحدة على انشاؤه ، وبالتحديد في عام 1982 ، ولم يستطع الطرفان التوصل الى تسويتها على الرغم من محاولات التهدئة التي تمت خلال الزيارات اذ ان النزاعات حول الحدود مثلت في حد ذاتها مصدراً آخر من مصادر التباين في مواقف وسياسات مجلس التعاون الخليجي [166].

واذا كانت هـذه النزاعـات الحدودية مثيرة للفرقة لارتباطها بسيادة الدولة واقليمها فقد زادت من خطورتها في حالة مجلس التعاون غياب أية آلية مؤسسية ذات مصداقية وفعالية لحل المنازعات بالطرق السلمية ، ناهيك عـن كونها مـن الأوراق التـي تحاول استخدامها القوى الخارجية لتحديد اتجاهات الخيارات السياسية لهذه الأنظمـة . وفي الواقع ، فان خلافات الحدود التي انفجرت دفعة واحدة في السنوات الأخيرة ، لم تكن مجرد خطوط طول وعرض رسمت على الخرائط ، وبشكل اعتباطي من قبل الاستعمار ، فهـي بالتأكيد أوسـع ، وأشـمل ، واخطـر مـن ذلـك ، حيث شرعيـة الوجـود السياسي ، والتفاعل على البيئة المحيطة ، ودرجة ممارسة السيادة والدفاع عنها ، واستغلال الثـروات وتوظيفها لخدمة المجتمع [167] .

ومن هنا فان الخلاف الحدودي القطري - البحريني علـى جـزر حـوار وفشـت الديبل يندرج ضمن هذا الاطار من الخلافات القائمة على أسباب اقتصادية، أكثر مما هي ناتجة عن أسباب أثنوغرافية ، او أيديولوجية ، او حتى اختلاف في نشأة التطور

---

(166) علي الدين هلال : مجلس التعاون الخليجي : متى يصل الى مرحلـة التكامـل ، مجلـة العربـي الكويتيـة العدد 473 ابريل 1998 ص 28 .

(167) اسامة عبد الرحمن : مجلس التعاون الخليجي : توجه نحو الاندماج او نحو الانفراط ، مجلة المستقبل العربي ، العدد 218 (4) 1997 ص 14.

والتكوين السياسي لكل من الدولتين .

فالنفط كما يقول البعض نعمة ونقمة في نفس الوقت ، ولكن ذلك يعتمد على الارادة السياسية التي تتصرف به وفقاً للمعطيات القائمة ، والواقع السياسي القائم ضمن المحيط الذي تنضوي في تكويناته .

اذ لم تنشأ خلافات زبارة ان تهدأ بشكل مؤقت ، حتى اندلعت من جديد خلافات أخرى ، وعلى مناطق أخرى ، حيث جزر حوار وفشت الديبل ، أضحت من الخلافات المستعصية الحل على كل الأطراف . وجزر حوار تتكون من مجموعة من الجزر ، أكبر جزيرة فيها جزيرة حوار التي تقع على الساحل الغربي من شبه جزيرة قطر ، والتي لا تبعد عنها غير ميل واحد مما يجعلها تقع ضمن الرصيف القاري لدولة قطر . إذ ان القانون البحري الدولي قد حدد المياه الاقليمية بثلاثة أميال . ويبلغ طول هذه الجزيرة حوالي أحد عشر ميلاً ، وعرضها في أقصاه حوالي الميلين فقط ، وتقدر مساحة (الجزر كل مجتمعة) بحوالي 15,96 ميلاً مربعاً ، وهي جزر بركانية ، ولها قمم عديدة اتخذت اسماء عدة من بينها الحجية ، وبو سعدة ، والأرملة ، والوقارة ، والريض ، والمعترضة ، اضافة الى الأسماء الأخرى [168] ، ويفصلها عن البحرين مسافة 18 ميلاً بحرياً ، أي بقدر المسافة التي تفصل المغرب عن جبل طارق في عنق البحر الأبيض المتوسط مع المحيط الأطلسي .

ومن الطبيعي ان جوهر المشكلة كان يتعلق باكتشافات النفط وبدء عمليات التنقيب التي لفتت الأنظار ، الى أهمية جزر حوار . حيث جاء في رسالة مستشار حكومة البحرين الى المعتمد البريطاني في 18 ابريل 1936 ان الشيخ حمد بن عيسى ـ آل خليفة اوصاه ان يبلغ المعتمد بان مجموعة جزر حوار التي تقع ما بين الطرف النهائي لجنوب جزيرة البحرين وساحل قطر ، انما هي جزء من دولة البحرين بلا منازع ، وانها ستدخل في مفاوضات النفط في أراضي البحرين التي لم تكن ضمن امتياز عام 1955 . وأضاف المستشار في ((أن الشيخ قد أبلغكم بذلك خلال زيارته

---

(168) -عبد العزيز محمد المنصور ، مصدر سابق ، ص 151- 152.

لكـم في 18 ابريـل 1936 ، وان هـذه الرسالة هـي تصريـح رسـمي عـن ملكيـة البحرين للجزر ، ثم جرى احصاء هذه الجزر وخصوصاً تلك التي يسكنها رعايا البحرين ومارسون عليها صيد الأسماك واللؤلؤ والتجارة . وقد نقل المعتمد البريطاني في البحرين في تقريره الى المقيم السياسي في الخليج عن مطالب البحرين بالجزر[169] .

إلا أن هناك بعض الدلائل التي تشير أن الخريطة الملحقة باتفاقية نفط قطر أشرت وجود جزر حوار على الخريطة ، لكن قبيلة الدواسر البحرينية كانت تسكن حوار منذ امد طويل ، ومارست البحرين سلطتها على حوار دون معارضة من شيخ قطر ، مما عزز قول المقيم السياسي البريطاني بضرورة أن تلحق حوار بأمارة البحرين ، وان على شيخ قطر تقديم الأدلة ليبطل بها دعاوي البحرين[170] .

وفي الواقع ، فـان بريطانيا في رأيها هـذا لم تأخـذ بنظـر الاعتبـار غـير اعتراف الشركات النفطية البريطانية المتنافسة : شركة بتروليوم كونستشن المحدودة ، وشركة نفط البحرين ، حيث التنازع على الحقوق والتنقيب والاستخراج الذي يمكن أن يجري تسويته فيما بينها وليس على حساب الدولتين ، حيث امتد النزاع بينهما الى مشكلة الـديبل التي تقع الى الشمال الشرقي من جزيرة البحرين . وقد كانت وجهة النظر البريطانية التي لم تكن إلا تجسيداً للآراء التي طرحتها الشركات البترولية البريطانية نفسها ، إلا أن تؤكد ومن خلال توصية المقيم السياسي بأنه من الملائم تماماً أن تعطي جـزر حـوار للبحرين حيث أن هذا سيعادل ويوازي قرارنا السابق باعطاء منطقة زبارة لقطر[171] . وازاء ذلك لم يكن من حكومة قطر إلا أنها عبرت عن رفضها واحتجاجها ضد وجهة نظر الحكومـة البريطانية التي أبلغت شيخ قطر في رسالة لها في عـام 1939 أن القرار قد اتخذ بتبعيـة جزر حوار لدولة البحرين . إلا أن هناك بالتأكيد وجهة نظر بريطانية أيضاً التي خالفـت وجهة نظر حكومة لندن ، حيث

---

(169) -المصدر نفسه ، ص 153.

(170) -المصدر نفسه ، ص 154 .

(171) -المصدر نفسه ، ص 155 .

أن المقيم البريطاني قد بعث برسالة الى مكتب الشؤون الخارجية في حكومة الهند بلندن رأى فيها بأن جزر حوار جغرافياً تتبع قطر مما يجعلها في نظر حاكم قطر تقع ضمن سيادته [172] . ونتيجة لقرار حكومة لندن بضم حوار للبحرين ، فأن شركة الامتيازات النفطية المحدودة طلبت من المعتمد السياسي البريطاني في رسالة لها في يناير 1939 بضرورة تأمين الطريق الذي يربط البحرين بحقول زكريت على ساحل قطر والذي يمر بين جزيرة حوار الرئيسية . وفي رسالة بعث بها المعتمد السياسي في البحرين الى حاكم قطر والبحرين ، جاء فيها :

أ - تحديد الخط الفاصل بين قطر والبحرين .

ب - تحديد منطقة جزر حوار التابع للبحرين .

جـ - تعزيز تبعية فشت الديبل وجرادة للبحرين مع بيان أنهما ليستا جزيرتين ، بل هما ضحضاحان وليس لهما مياه اقليمية [173] .

الأمر الذي يسقط أية حجة يمكن أن تقدمها قطر لإثبات أن جزر حوار تقع في مياهها الإقليمية ، حيث أنها بعثت برسالة احتجاج على قرار المعتمد البريطاني مؤكدة على تبعية حوار لسيادتها ، إلا أنها تجاهلت ذكر فشت الديبل وجرادة ، وهي الجزر الغنية بالبترول والموقع الاستراتيجي .

واستمر الوضع بين اخذ ورد الى ما بعد استقلال الدولتين من السيطرة والحماية البريطانية ، حيث بدأت مرحلة جديدة من العلاقات القائمة على حسن الجوار والتعاون ، واللجوء الى التسوية السلمية في حل خلافاتهما .

إذ أن البحرين عرضت على الحكومة القطرية بأن تتكفل بإنشاء جزيرة في

---

(172) المصدر نفسه ، ص 164 . وينظر أيضاً علي الدين هلال ونيفين مسعد ، مصدر سبق ذكره ، ص 88 .

(173) -المصدر نفسه ، ص 166. وينظر أيضاً محمد فاتح عقيل : مشكلات الحدود السياسية ، الاسكندرية ، مؤسسة الثقافة الجامعية 1962 .

المياه الاقليمية البحرينية مقابل جزيرة حوار الموجودة في مياه قطر الاقليمية . كما عرضت أن تبرم اتفاقية تعاون اقتصادي في مجال التنقيب عن البترول داخل المناطق المختلف عليها مع احتفاظ كل من البلدين بموقفه بالنسبة لحق السيادة الى حين الاتفاق على تسوية ترضي الجانبين .كما أن قطر تقدمت بمشروع انشاء جسر يصل بينهما رغبة في تسوية النزاع بالطرق الودية . ولكن رغم هـذه العروض ، ومقابلها ، إلا أن البحرين تمسكت بالقرار البريطاني السابق وبالمصادر التاريخية ، والتي هي وثائق بريطانيـة سـواء كانت في وزارة الخارجية ، أو شـؤون المستعمرات ، وحكومـة الهنـد البريطاني ، والوثائق الشخصية للمعتمدين البريطانيين ، في تأكيد حق سيادتها على الجـزر . إلا أن المحاولات الساعية لإنهاء الخلاف قد توصلت في عام 1978 الى اتفاق يقضي بعدم القيام بأي تصرف يؤدي الى تعزيز مركز الطرف الآخر في هذه الجزر أو يؤدي الى تغيير أوضاعها الراهنة ، حتى يتم الاتفاق على تسوية بـين الطـرفين وفقاً لأحكام القانون الـدولي . إلا أن النـزاع سرعان ما تجدد في عام 1982 بعد قيام رئيس وزراء البحرين بتدشـين سفينة حربية بحرينية سميت " حوار " ثم تلاها اجراء مناورات عسكرية في منطقة فشت الـديب ، فأعتبرت قطر ذلك استفزازاً وانتهاكاً لكل الاتفاقيات السابقة [174] .

ورغم النداءات المتكررة من دول المنطقة ، وخصوصاً دعوات مجلس التعاون الخليجي التي لم تجد لها أي صدى لدى الدولتين ، فان الأوضاع تدهورت عندما أصدرت البحرين قراراً في ديسمبر 1985 يقضي بإقامة منطقة للتدريب العسكري محظورة بصفة دائمة في المجال الجوي شمال غرب قطر ، بل وتمتد داخل المياه الاقليمية لدولة قطر في بعض الأماكن . وتزامناً مع الإحتجاج القطري الرسمي ، فقد قامت الطائرات القطريـة في يناير 1986 بمهاجمة جزيرة فشت الديب حيث كان يجري انشاء مقر لقوات الـدفاع البحرينية ، وشهدت المنطقة تزاحم الحشود العسكرية التي

---

(174) محمد أبو الفضل : النزاع بين قطر والبحرين ، مجلة دراسات دولية عدد 111 / 1993 / ص 98 .

تم نقلها الى الجزر وخصوصاً جزيرة حوار الكبرى وجرادة التي سيطرت عليها القوات القطرية[175] .

وقد سارعت المملكة العربية السعودية في طرح وساطتها التي استجابت لها البحرين حالاً ، في الوقت الذي بقى مجلس التعاون الخليجي حائراً في اتخاذ أي قرار ، حيث أن هذه الحادثة مثلت أول تحدٍ لفعاليته العسكرية والأمنية . وقد كانت الوساطة السعودية ، قد طرحت خطة مؤقتة من بعض النقاط والتي تتلخص في :

- أعادة الوضع الى ما كان عليه قبل عام 1986 .

- التعهد بعدم استخدام القوة العسكرية .

- تشكيل هيئة للإشراف والرقابة العسكرية ولإعادة الأوضاع بشكل هادئ .

- يتم النظر في كافة الخلافات الحدودية بين الدولتين في اطار القانون الدولي والوثائق التاريخية .

- يتعهد الطرفان بالامتناع عن عرض الخلاف على أية منظمة دولية[176] .

إلا أن قطر وفي خضم جهود الوساطة فقد طرحت وجهة نظرها والتي تتمثل في :

1- ضرورة فرض سيادتها على مجموعة الجزر الثلاث فشت الديبل،وحوار، وجرادة.

2- إن خط التقسيم بين البلدين يجب أن يسير في الوسط بين أراضيها والبحرين حتى نقطة التقاطع مع خط عرض جزر حوار .

3- تطالب أن يكون موضوع التحكيم أمام محكمة العدل الدولية حول الجزر

---

(175) -المصدر نفسه ، ص 229.

(176) -المصدر نفسه . وينظر كذلك في : عمر عز الرجال : جامعة الدول العربية ومنازعات الحدود ، مجلة السياسة الدولية العدد 111/1993 ، ص 203 حيث لم يعجز فقط مجلس التعاون الخليجي في وضع حل للنزاع القطر البحريني ، وانما جامعة الدول العربية التي فشلت كعادتها في تسوية النزاعات الحدودية بين وحداتها السياسية .

المتنازع عليها فقط .

أما وجهة نظر الحكومة البحرينية فقد تركزت على :

1- رفض كل مطالب قطر بالنسبة للجزر و موقعها الجغرافي القريب منها ، على اعتبار أن ثمة جزر قريبة من بلد وتخضع لسيادة بلد آخر .

2- المطالبة بتبعية منطقة زبارة القطرية لها .

3- أن بريطانيا قننت الأمر الواقع بالنسبة للحدود ، وهو ما تم اعتماده في كل دول الخليج ، مما يعني واقعياً ، ملكيتها لمجموعة الجزر الثلاث .

4- ضرورة أن يُعرض الموضوع أمام محكمة العدل الدولية على الخط المائي بين البلدين والحدود البحرية مع الأخذ بنظر الاعتبار الوجود التاريخي للبحرين فـي منطقـة زباره [177] .

وازاء هذه المطالب المتعارضة التي طرحتها الـدولتين الـى كـل الوسـطاء الـذين تدخلوا لفض النزاع عن طريق الحوار ، لم يبق إلا اللجـوء الى محكمـة العـدل الدوليـة ، وهو الطريق الذي اختارته الدوحة في الوقت الذي تخشاه المنامة . اذ اتخذت قطر قـراراً بعرض القضية على محكمة العدل في لاهاي في الثامن مـن يونيـو 1991 بشـأن تحديـد حقوق السيادة على المناطق المتنازع عليها ، ثم تبعتهـا بعد ذلك بخطـوة أخـرى حيـث أصدرت الدوحة قراراً آخر اعتبرت فيه مياهها الاقليمية تمتد بحوالي 44,4 كم مما يشـمل الجزر المتنازع عليها والتي تتبع السيادة البحرينية بموجب ترسيم الحدود الـذي وضعتـه بريطانيا والتي كانت تتولى الشؤون الخارجية للبلدين في الثلاثينات .

إلا أن البحرين رفضت قرار قطر واعتبرته مساساً بالوضع القـائم بين البلـدين، وأكدت أنها تحتفظ بسيطرتها على المياه الاقليمية،والتي ادعت قطر السيادة عليها[178] .

---

(177) -المصدر نفسه ، ص 227 .

(178) -مجلة المستقبل العربي ، موجز يوميات الوحدة العربية ، العـدد 160 (6) 1992 ص 178، حيث اشارت الى ذلك صحيفة النهار البيروتية في 1992/4/29 .

وخلال هذه السجالات الحادة بين قطر والبحرين التي انتقلت الى قاعة المداولات الكبرى في محكمة العدل الدولية في لاهاي ، تواصلت الجهود الخليجية لفض النزاع عن طريق المفاوضات الثنائية ، وخصوصاً وساطة الأمين العام لمجلس التعاون الخليجي الذي رأى أن اثارة موضوع الحدود في هذه الظروف الحالية يبدو أمراً غير مناسب . أما الوساطة السعودية فقد استجابت لها البحرين حيث دعا الشيخ حمد بن عيسى آل خليفة ولي العهد والقائد العام لقوة دفاع البحرين ، الحكومة القطرية الى سحب القضية من محكمة العدل الدولية واللجوء الى التفاوض الثنائي او من خلال تحكيم سعودي - خليجي [179] .

ومقابل هذا فأن الحكومة القطرية قد ردت على هذا العرض البحريني من خلال تصريح وزير خارجيتها الشيخ حمد بن جاسم بن جبر آل ثاني الذي قال بأن سحب قضية الخلاف الحدودي من محكمة العدل الدولية غير ممكن في الوقت الحاضر بعدما أخذت القضية سنوات في المحكمة حتى وصلت الى ما وصلت اليه. مشيراً في الوقت نفسه إلى أن سحب القضية يرتبط بنجاح الوساطة السعودية وتسوية الخلاف القائم [180] . حيث سبق وان استمعت محكمة العدل الدولية الرافعات البحرين وقطر حول صلاحية المحكمة للنظر في الخلاف بينهما حول عائدية جزر حوار وفشت الديبل في الثاني عشر من مارس 1994 [181] .

وفي الواقع ، أن الموقف القطري المتصلب والذي اشترط نجاح القمة التي تعقد بين الدولتين وبرعاية المملكة العربية السعودية قد مالَ الى المرونة ، ولا سيما

(179) صحيفة أخبار الخليج / المنامة في 1996/6/1 ، مجلة المستقبل العربي ، العدد 21(8) 1996 ص 173.

(180) صحيفة الخليج / الشارقة في 1996/6/2ذكرت في مجلة المستقبل العربي ، العدد 21 (8) 1996.

(181)مجلة المستقبل لعربي ، موجز يوميات الوحدة العربية ، العدد 183 (5) 1994 ، ص170.

بعد أن تخلت البحرين عن اثارة النزاع الحدودي حول منطقة زبارة ، واتجهت الأجواء نحو التهدئة ، ومعالجة الخلاف الحدودي ضمن البيت الخليجي ، وهذا ما سعت اليه الرياض التي استطاعت الأخذ بالدولتين الى طاولة المفاوضات الثنائية . إلا أن الأزمة سرعان ما اندلعت من جديد الى سطح الأحداث في بداية يوليو عام 1998 عندما قررت دولة البحرين اقامة جسر يربطها مع جزر حوار ، وهو الأمر الذي عدته دولة قطر بأنه " انتهاك للاتفاقيات السابقة " . والتعهدات التي التزمت بها البحرين بعدم تغيير معالم الوضع الراهن حتى يتم الانتهاء من تسوية الخلاف الحدودي .

إذ أبدت قطر موقفاً واضحاً في شأن ما وصف بتصريحات أدلى بها مسؤولون بحرينيون في نهاية يونيو 1998 ، حول نية المنامة اقامة جسر يربط جزر حوار المتنازع عليها . وقال الناطق باسم وزارة الخارجية القطرية بأنه اذا تجسدت التصريحات البحرينية او نيات الأشقاء في البحرين على أرض الواقع ، فان ذلك يعد انتهاكاً لإتفاق سنة 1987 الذي رعته المملكة العربية السعودية بعد أزمة 1985 ، والقاضي بعدم تغيير المعالم الجغرافية والوضع القانوني لهذه الجزر ، وهو الاتفاق الذي استندت عليه محكمة العدل الدولية في حكمين صادرين في سنة 1994 ، وسنة 1995 باعتباره اتفاقية دولية ملزمة ، وعليه أصبح الخلاف الحدودي من اختصاص محكمة العدل الدولية .

ويعد هذا التصريح القطري بأنه أقوى انتقاد ضد الاجراءات البحرينية التي تهدف لإقامة منشآت في جزر حوار . وكان وزير الخارجية الشيخ حمد بن جاسم بن جبر آل ثاني قد أعلن في 25 يونيو 1998 بأن ((التصريحات البحرينية حول بناء الجسر ـ لا تخدم تنقية الأجواء بين الدوحة والمنامة)) إلا أنه من الجانب الآخر قد عبر عن رغبة بلاده في ((قبول المساعي الحميدة . والذي يعبر عن نهج قطر الواضح. كما أنه لم يستبعد ان تقدم دولة قطر احتجاجاً لمحكمة العدل الدولية التي تنظر في الخلاف القطري - البحريني منذ عام 1992 ، كما لم يستبعد في أن تتخذ الدوحة

عدداً من الإجراءات لمنع بناء الجسر [182] . وفي تطور لاحق للخلاف فقد أعلنت قطر والبحرين في نهاية فبراير 2000 بأنهما قررتا إيجاد حل أخوي لنزاعهما الحدودي وبناء جسر يربط بين البلدين . وجاء في بيان مشترك صدر في ختام اجتماع عقد في المنامة أن اللجنة العليا المشتركة بين البلدين تناولت موضوع الخلاف الحدودي القائم بين البلدين المطروح حالياً أمام محكمة العدل الدولية بهدف البحث في إمكانية الوصول الى حل أخوي للخلاف [183] .

وقد جاء هذا الاجتماع الذي عقد بين وفدي الدولتين والذي تمخض عنه بيان مشترك ، نتيجة للزيارة التي قام بها سابقاً أمير البحرين الشيخ حمد بن عيسى آل خليفة الى قطر في مطلع شهر يناير 2000 ، حيث أعلن على انه ((مصمم على فتح صفحة جديدة)) وتحسين العلاقات الثنائية [184] .

وبعد الاجتماع الذي عقدته اللجنة العليا المشتركة في المنامة ، فقد عقد الاجتماع الثاني في الدوحة ، حيث أستقبل أمير قطر الشيخ حمد بن خليفة أل ثاني ولي عهد البحرين الشيخ سلمان بن حمد أل خليفة وتمنى تطوير العلاقات بين البلدين . اذ اتفقت الدولتان على خطوات سياسية واقتصادية لتحسين علاقتهما الثنائية حسب ماورد في البيان المشترك الذي أشار الى هذه الخطوات فيما يتعلق بتنقل مواطني الدولتين بالبطاقة الشخصية وتنظيم خدمات الملاحة الجوية [185] . وقد

---

(182) ينظر في ذلك صحيفة الحياة اللندية ، العدد 12908 في 7 يوليو 1998 ص 1-6، وكذلك صحيفة الاتحاد الاماراتية العدد 8436 في 7 يوليو 1998، ص 1 وكذلك صحيفة الشرق الأوسط، لندن / العدد 7161 في 7 يوليو 1998 ،ص 6 .

(183) صحيفة اللواء البيروتية 22/ فبراير/2000 وينظر كذلك موجز يوميات الوحدة العربية، مجلة المستقبل العربي العدد 254 (4) 2000 ص 174 .

(184) صحيفة القدس العربي ، لندن ، 7اينائير كانون ثاني / 2000 وينظر كذلك موجز يوميات الوحدة العربية ، مجلة المستقبل العربي العدد 253(3) 2000 ص 195 .

(185) ينظر في ذلك صحيفة الحياة اللندية 25 نيسان / 2000 وكذلك صحيفة القبس الكويتية 26/نيسان /2000 مقارنة مع موجز يوميات الوحدة العربية ، مجلة المستقبل العربي العدد256(6) 2000 ص22.

سبق هذه الخطوات تبادل السفراء بين عاصمتي الدولتين وأستئناف حركة الملاحة الجوية المباشرة بينهما .

ورغم ذلك الا أن ((النيات)) لم تكن صادقة الى درجة يمكن لاي مراقب أن يتوقع بأن الخلاف قد يطوي بشكل نهائي ، وتم تسوية جميع المشاكل العالقة . اذ سرعان ماقررت البحرين في التاسع عشر من ايار /مايو تعليق مشاركتها في اللجنة العليا المشتركة التي أنيط بها مهمة تسوية النزاع ودياً ، وذلك لأهتمام المنامه الحكومة القطرية بالاحتفاظ بشكواها أمام محكمة العدل الدولية حيث النزاع الحدودي دخل مرحلته النهائية في مرافعات المحكمة الشفوية ، حيث استمعت الى الدعاوى والاسانيد التي قدمت بها كل من قطر والبحرين في منتصف حزيران 2000، وهي المرحلة الاخيرة التي تسبق صدور الحكم بعد خمسة أسابيع [186]، الامر الذي أثار قلق البحرين من أنها سوف تخسر الجمل بما حمل (جزر حوار) من نفط وغاز .

وقد باشرت دولة الامارات العربية التي هالها تصاعد حدة التوتر المباغت وساطة بين الدولتين ، حيث المحت المنامة الى أحتمال سحب عضويتها من مجلس التعاون الخليجي أحتجاجاً على تقصيرة في هذه القضية التي رمت بثقلها على قممه السنوية وعطلت الكثير من قرارتة وخصوصاً الامنية والدفاعية ، وحتى من مسألة التقارب تجاه العراق وايران .

وفي اعقاب زيارة قام بها الى المنامة أمير قطر في محاولة لتطويق هذه الأزمة توافق البلدان على أستئناف عمل اللجنة المشتركة بعد صدور الحكم من محكمة العدل الدولية الامر الذي نظرت الية النامة بحذر شديد ، حيث أن أمير البحرين الشيخ حمد بن عيسى أل خليفة قد حذر في السابع والعشرين من أيار /2000 من أن التحكيم قد يؤثر على العلاقات بين البلدين ، معرباً عن أسفه لعدم التوصل الى حل أخوي [187]

---

(186) النزاع الحدودي بين البحرين وقطر يدخل مرحلة النهائية في محكمة العدل الدولية ، صحيفة الثورة البغدادية العدد 10029 في 29/أيار /2000 ص2 وكذلك ينظر صحيفة الاتحاد الامارتية في 8/حزيران /2000 ص22.

(187) المصدر نفسة .

المبحث الثاني

خلافات الحدود القطرية - الإماراتية
ومشكلة الحدود البحرية

لم تستثنى المنطقة التي تفصل بين قطر وأبو ظبي من تلك الخلافات الحادة التي غاصت فيها دول المنطقة منذ نشأتها وحتى الوقت الحاضر. حيث أن هذه المشاكل بقيت مرهونة، باختفائها، وظهورها، بطبيعة التكوين السياسي والاجتماعي للأنظمة السياسية، وتحالفاتها الإقليمية والدولية. ومن هنا، فإن خلافات الحدود القطرية مع أبو ظبي، التي شكلت فيما بعد مع الإمارات المتصالحة، دولة الإمارات العربية المتحدة، تعود إلى السنوات الأولى من القرن العشرين، ولا سيما بعد أن برزت السعودية كأقوى منافس لهذه الإمارات. إذ أن الحدود الجنوبية لشبه جزيرة قطر كانت محل نزاع مع كل من أبو ظبي وحكومة ابن سعود. وكان الخلاف يثار من وقت لآخر حول منطقة (العديد)، حيث كانت أبو ظبي ترى أن حدودها تتوغل إلى مساحة طويلة في الساحل الشرقي من شبه جزيرة قطر، ولكن الدوحة المحصورة بين ضغط السعودية، ومطالب شيخ أبو ظبي تؤكد من جانبها، وتدعمها بريطانيا في ذلك بموجب اتفاقية الحماية لعام 1916، بأن حدودها تنتهي عند نقطة إلى الجنوب من مدخل خور العديد [188]. وأن وقوع الإمارتان تحت ظل الحماية البريطانية قد أدى وطوال السنوات الماضية إلى عدم إثارة مشكلة الحدود بينهما والتي تبدو معدومة حتى برزت المملكة العربية السعودية على المسرح. حيث لم يكن من الضروري تخطيط الحدود بينهما، إلا فيما يتعلق بمناطق الرعي والصيد، وأن الحوار والتفاهم قد أثمر في التوصل إلى وضع بعض التقاليد القبلية بين أبو ظبي وقطر، بحيث أصبحت الحدود تمتد في وسط خور العديد، وتكون مياهه مناصفة بين الإمارتين، ثم تمتد

---

(188) محمد حسن العيدروس: التطورات السياسية في دولة الإمارات، مصدر سبق ذكره، ص138.

الحدود من رأس الخور غرباً حتى آبار سودنيثل، ومن ثم تتجه نحو الجنوب، كما توصل إلى تحديد المنطقة البحرية وأصبح خط الحدود بين الـدولتين يمتد بحيـث جعل جزيرة البندق في جانب أبو ظبي أما دخل الجزيرة من البترول فيوزع مناصفة بين قطر وأبو ظبي ⁽¹⁸⁹⁾.

إلا أن الخلافات سرعان ما تجددت، وخصوصاً بسبب المطالب السعودية، وتدفق الشركات البترولية التي تبحث عن حقوق امتيازات التنقيب داخل مياه الخليج العربي. إذ أن الرياض كانت تبحث عن منفذ على الخليج شرق قطر، وهذا ما تحقق لهـا فيما بعـد ولا سيما بعد الاستقلال الذي حصلت عليه أبو ظبي ضمن الإطار الاتحادي الذي جمعهـا في اتحاد الإمارات العربية المتحدة. حيث توصلت في عام 1974 إلى اتفاقية وضعت حـداً للخلافات، ولكن ليس بشكل نهائي ⁽¹⁹⁰⁾. إذ أن اللجان المشتركة التي تم تشكيلها في مطلع عقدة الخمسينات، ومؤتمر الدمام الذي عقد عام 1953 لحل المشـاكل العالقـة بـين قطر وأبو ظبي وعُمان بحضور المقيم السياسي البريطاني قد فشلت في إرساء قاعدة محددة، ولا حتى شبه اتفاق حيث أنها اصطدمت بالمعارضة السعودية التي عبر عنها الأمير فيصل الذي رفض أيضاً أية اتفاقية للتحكيم ⁽¹⁹¹⁾.

إلا أن التسويات التي تطرقنا إليها في الصفحات السابقة حـول واحـة البريمـي قـد أفضت إلى استقرار الأوضاع الحدودية بين قطر ودولة الإمارات، حيث أن خلافات الحدود القطرية - البحرينية قد شكلت من بين الاهتمامات الأولى لمدركات الأمن القطري.

إذاً وبغية دفع التعاون الخليجي في إطار مجلسه الإقليمي نحو الأمام، قام الشيخ

⁽¹⁸⁹⁾ المصدر نفسه، ص140 وقارن مع صبري الهيثي، مصدر سبق ذكره، ص288 .

⁽¹⁹⁰⁾ شاهر الرواشدة: دول مجلس التعاون الخليجي في الميزان/ دار الإبداع، عمان، الأردن، 1991، ص57 .

⁽¹⁹¹⁾ العيدروس، مصدر سابق، ص274 .

زايد بن سلطان آل نهيان، رئيس دولة الإمارات العربية المتحدة بزيارة إلى سلطنة عُمان حيث استقبله السلطان قابوس بن سعيد سلطان عُمان. وقد وقع الجانبان على اتفاقية الحدود بين البلدين التي تمتد من (أم الزمول) حيث تلتقي حدود كل من الإمارات والسلطنة والمملكة العربية السعودية إلى شرقي العقيدات. وأكد كل من الشيخ زايد والسلطان قابوس في أعقاب توقيع الاتفاقية في ولاية صحار بسلطنة عُمان أن الاتفاقية التي تستند إلى اتفاقين موقعين عامي 1959و 1960 ومحاضر ومراسلات ذات صلة ستعزز العلاقات الثنائية، وتدع مسيرة مجلس التعاون الخليجي [192].

وقد كانت هذه التسوية الإماراتية - العُمانية قائمة لتسوية الخلاف الحدودي بين المملكة العربية السعودية وعُمان، إلا أنها تسويات مهدئة في جوهرها، وخصوصاً أن البحث عن النفط واحتياطاته العملاقة تثير الأحقاد والضغائن، خاصة فيما اذا أشرنا ذلك في منطقة جنوب الخليج حيث يشكل نفط (مسكت) ومناطق نفطية محتملة مجاورة مصدراً للنزاع بين الإمارات وعُمان [193]. وبموجب التحديدات الحدودية الجديدة بين قطر والسعودية، لم يعد للإمارات أي حدود برية مباشرة مع دولة قطر، مما جعل هذا التقسيم الجديد قابل للإنفجار في يوم ما ولا سيما وأن الشريط الفاصل بين قطر والإمارات سابقاً والذي حصلت عليه السعودية ضمن اتفاق مع الإمارات مرشح لأزمات قادمة حول النفط المكتشف في المياه الإقليمية المقابلة للشريط [194]. إذ أن أبو ظبي بتنازلها عن شريط ساحلي في خور العديد عرضه 50 كليو متر تكون قد فقدت حدودها مع دولة قطر على أن يكون

(192) صحيفة الخليج، الشارقة، دولة الإمارات العربية، 2 مايو 1999، وينظر كذلك موجز يوميات الوحدة العربية، مجلة المستقبل العربي، العدد 245 (7) 1999، ص179 .

(193) محمد السعيد إدريس، مصدر سبق ذكره، ص241 ويقارن مع عبدالجليل مرهون، أمن الخليج بعد الحرب الباردة، بيروت، دار النهار، 1997، ص140 .

(194) سالم مشكور، مصدر سبق ذكره، ص81 .

للسعودية حق استثمار الساحل إلى (3) أميـال دون أن يغير ذلـك مـن الحـدود القطرية مع أبو ظبي في الجرف القاري والآبار النفطيـة المشتركة (الظبيانيـة- القطريـة)، كحقل البندق كما تمت الإشارة إليه سابقاً[195].

ومما لا شك فيه، هو أن مشكلة الحدود البحريـة لا تقل خطـورة عـن مشكلات الحـدود البريـة، حيث أنها وبقدر ما هي مشاكل هادئة لم تمتـد إليهـا التقنيـات البتروليـة، فإنها تنذر بعواقب وخيمة على مستقبل المنطقة برمتها، وخاصة وأن اسـنوات القادمـة تؤثر بـولادة معادلـة جديـدة للأمـن الإقليمـي في الخليـج استنادا إلى ظـواهر النزاعـات الحالية وعدم الاستقرار في الأنظمة السياسية، ولا سيما وأن قسماً من تقسيمات الحدود فرضـت مـن فـوق وبشـكل اعتبـاطي ودون اهتمـام كبـير بالجغرافيـة البشريـة والماديـة للمنطقة[196].

ومن هنا تبرز مسألة تسوية (الرصيف القاري) مسألة ملحة، عندما يرفض أصحاب الامتيازات القيام بعمليات الحفر والتنقيب في المناطق المتنازع عليها مـا لم تحل كافة النزاعات بشأنها[197]. فلم يجر تسوية الحدود البحرية بين قطر والبحرين، كما أشرنا إلى ذلك رغم التصريحات العديدة بذلك.

لم يجري كذلك ما بين السعودية والكويت، وما بين السعودية والبحرين حيـث أن اتفاق 1958 لم يؤد إلى تسوية نهائية للمشكلة[198]، وكذلك الإمارات مـع إمـارة الشـارقة وعُمان. وتكمن مشكلات ترسيم الحدود البحرية بشكل رئيسيـ في مظاهرهـا الجغرافيـة مثل تعيين خط قاعدة، وما يشكل خط الساحل المقابل، وما هو

(195) ناجي أبي عاد، ميشيل جرينون، النزاع وعدم الاستقرار في الشرق الأوسط، مصدر سبق ذكره، ص137 .

(196) محمد السعيد ادريس، مصدر سبق ذكره، ص425 .

(197) جمال زهران، أمن الخليج محددات وأنماط تأثير العامل الدولي، مصدر سبق ذكره، ص 37- 39 .

(198) ناجي أبي عاد، ميشيل جرينون، مصدر سبق ذكره، ص140 .

الامتداد الطبيعي للأرض. إضافة لـذلك، فـلا توجـد هنـاك طريقـة يمكـن أن تعـين بواسطتها حدود مائية أفضل من طريقة التخطيط أو الترسيم.

علاوة على ذلك فإن تعيين الحدود الساحلية يعتبر أعقد من تعيين الحدود البرية، وذلك بسبب الدرجات المختلفة لسيطرة الدولة المعترف بها، والتي غالباً ما تتضمن الميـاه الداخلية والمياه الإقليمية، والمناطق المتصلة، والأرصفة القارية، ومناطق الصيد الخاصـة، وكلما كانت ملكية الجزر خاضعة لمياهها الإقليمية فإنه ينشأ نزاع بسببها أيضاً، ويكـون من المستحيل ترسيم الحدود الساحلية كما يحدث الآن بين العديد مـن دول المنطقـة [199] وخصوصاً وأن الجـزر المتنـاثرة في الخليـج العربي قـد بـرزت أهميتهـا الاسـتراتيجية والاقتصادية مـن خـلال الاستكشافات البترولية وحقـول الغـاز الضخمة التـي تتمتـع باحتياطات لا نظير لها في مناطق أخرى، الأمر الـذي عقـد مـن مشكلة تحديـد البحر الإقليمي لكل دولة، إضافة إلى تحديد عائدية الجزر الموجودة في الخليج والتي تدعي كل دولة سيادتها عليها [200].

(199) المصدر نفسه، ص143، ويقارن مع صبري الهيثي، مصدر سبق ذكره ص296 وينظـر أيضاً للمزيـد مـن الاطلاع حول هذه النقطة من ناحية الفقه القانوني، إبراهيم محمد العناني، النظام القانوني لقاع البحر في وراء حدود الولاية الإقليمية، المجلة المصرية للقانون الدولي، المجلة 29 / 1973 .

(200) حسين ندا حسين، مصدر سبق ذكره، ص27 .

الفصل الرابع

4

خلافات الحدود العراقية - الكويتيـة

المبحث الأول : جذور المشكلة واثر العوامل الخارجية في ترسيم الحدود

المبحث الثاني : السلوك السياسي العراقي ازاء مشاكل الحدود.

المبحث الأول

جذور المشكلة واثر العوامل الخارجية في ترسيم الحدود

في الواقـع ، أن مسألة الخـلاف بـين العراق والكويت لم تقتصر ـ منـذ بروزهـا وحتى الوقت الحاضر ، على نقطة خـلاف حدوديـة محددة بعدة كيلـومترات بريـة او ساحلية ، وانما المسألة أبعد من ذلك ، وليست مرهونة حتى بتباين التفسيرات حول هذه الاتفاقية أو تلك . اذ انها تستند على مبدأ ((الحقوق التاريخية)) التي تشكل أساس مطالب العراق ، وهو المبدأ نفسه الذي تمسكت به المملكة العربية السعودية في ترسيم حدودها مع الدول المجاورة سواء كانت البرية أو البحرية ، والتي ما زال قسم منها بين أخذ ورد ضمن اطار اللجان المشتركة والمحاضر التي تبين شقة الخلاف بين هذا الطرف او ذاك ، وقد امتد هذا الجانب أيضاً ليشمل العلاقات السعودية - الكويتية التي تختزن في جوفها أعقد مشكلة حدود في المنطقة وأخطر من النزاع العراقي - الكويتي. فالعراق منذ أن برز كدولة مستقلة ابتداء من عام 1921 ، أو ما قبلها في بدايات تشكيله السياسي والقانوني ، فانه لم يتنازل او يتخلى في كل خطابات ملوكه ، ورؤساء حكوماته عـن مبدأ " الحقوق التاريخية " [201] ، في استرجاع الأراضي التي اقتطعت من التراب العراقي ، بشكل او بآخر ، سواء تلك التي ضمت الى دول أخرى ، أو تشكلت على أراضيها أمارات ، عـل الرغم من تأكيدات قادته على التمسك بالاتفاقيات والمعاهدات التي أبرمها العراق ، واحترامها بالشكل الذي يحافظ على سيادة العراق الوطنية والاقليمية ، ويرفع الظلم الذي لحق به جراء التقسيم البريطاني للحدود الـذي هدفه خنق العراق ومنعه مـن الاطلالة الواسعة

---

(201) أحمد ابراهيم محمود : محددات وأهداف السلوك العراقي ، مجلة السياسة الدولية العـدد 103 ينـاير 1991 ص 87

(202) سالم شكور ، مصدر سبق ذكره ، ص 83

على الخليج العربي [201].

إلا انه ، ومن القراءة المتأنية للتاريخ ، يظهر لنا جلياً ، بأنه ليس هناك مسؤول عراقي لا في النظام السياسي الملكي الذي امتد على نحو سبعة وأربعين عاماً، ولا في الأنظمة السياسية الجمهورية التي جاءت بعد ثورة 1958 ، تجرأ في أن يصرح بكلمة واحدة حول تحديد معين للحدود ما بين العراق والكويت ، وحتى في تلك الحالات التي أجبر العراق فيها على وضع ملف الحدود جانباً ، فان ما يتم التوصل اليه يبقى شيئاً غير ذا تأثير قانوني ، او غير الزامي بالنسبة للعراق في مسألة الاعتراف بحدود معينة ، وان كانت تصدر خرائط محددة تعين السيادة لكل من العراق والكويت . إلا انها من الجانب العراقي لم تكن إلا مجرد رسومات ليس لها أي أثر سياسي أو قانوني ، وهذا ما تجلى في أكثر من مناسبة ، حتى المحاضر التي تم التوقيع عليها في عام 1963 قد أهملت ولم تتم المصادقة عليها بعد انقلاب 1964 [203].

فالكويت ولدت بمساعي بريطانية لتكون أولاً قيداً كبيراً على حركة عبد العزيز ابن أسعود في بناء مملكته القائمة على الدعامتين السياسية والدينية ، وتشكل بالمقابل الجدار الذي يوقف الطموحات العراقية نحو منطقة الخليج العربي، وبالتالي تحجيم حركته السياسية بالشكل الذي يجعله محصوراً في خانق حدودي ضيق لا يسمح له إلا بمجالات حركة هامشية وأخراجه من النطاق الاقليمي الخليجي . واذا كانت بريطانيا قد استطاعت أن ترضي ابن أسعود ببعض المكاسب الأرضية ، وتركه مطلق اليدين في مقاومة منافسيه على أرض الجزيرة العربية ، ويوسع من اطار مملكته فانها بالمقابل قامت بتشكيل امارة الكويت تحت سلطة اسرة آل الصباح [204].

(203) سالم مشكور ، مصدر سبق ذكره ، ص 105 . ويقارن أيضاً مع ناجي أبو غاد وميشيل جرينون ، مصدر سبق ذكره ، ص 153.

(204) محمد جواد رضا : المخاض الطويل من القبيلة الى الدولة،مجلة المستقبل العربي ، العدد 154 (12) 191، ص 26 .

وعقد معاهدة الحماية معهم في عام 1899 التي أخرجت المشيخة من النفوذ والخلافة العثمانية لتكون بذلك طريقاً لإحتلال العراق، وفرض الانتداب عليه بعد هزيمة الامبراطورية العثمانية وتوزيع الولايات والمناطق التابعة لها على وفق اتفاقيات أعدت سلفاً ، ومنها اتفاقية سايكس - بيكو التي تضمنت في بنودها السرية عملية تقسيم العرب ومنع اتحادهم [205] .

وقبل ذلك فقد استطاعت بريطانيا أن تتوصل مع العثمانيين الى اتفاقية عام 1913، وهي الاتفاقية التي سحبت قضاء الكويت التابع لولاية البصرة من التراب العراقي نهائياً ، مقابل اقتطاع أراضي من الكويت ومنحها لإبن أسعود . حيث أن الاتفاقيات اللاحقة بينه وبريطانيا عززت من ملكيته لهذه المناطق . لا بل انه طالب بأكثر من ذلك وخصوصاً في ما يتعلق بالمياه الاقليمية ، كما مر ذكره . واذا كانت اتفاقية عام 1899 بانها الاتفاقية ، او المعاهدة ، " المانعة والعازلة " والتي رفضها بعض أعضاء عائلة آل الصباح ومنهم " حمود وجابر الصباح " وأمتنعا عن التوقيع عليها ، فان معاهدة عام 1913 قد أوجدت حدوداً مرسومة على الخارطة بقلم (بيرسي كوكس) الأحمر ، والتي بموجبها أيضاً منح بريطانيا حق التنقيب عن النفط في الكويت [206] .

كما أن بريطانيا لم تعمل فقط على زرع قنبلة موقوتة من خلال ترسيمها الاعتباطي ، وانما أدركت للمستقبل ، ضرورة توسيع أراضي هذه الامارة ، وزيادة رقعة أملاك شيخ الكويت ، ولكن ليس على حساب أبن أسعود الذي طرحته

(205) محمد السعيد ادريس ، مصدر سبق ذكره ، ص 132 .

(206) عصام الطاهر : الكويت ... الحقيقة ، دار الشروق ، عمان ، 1996 ص 57-62 وينظر كذلك : مخلص احمد عبد الغني : البعد السياسي ، الاجتماعي العربي للأزمة / مجلة السياسة الدولية عدد 103/1/1991 ، حيث يؤكد ان كل الصراعات بالمنطقة انما تتركز حول النفط باعتباره سلعة استراتيجية مهمة للعالم الصناعي كرغيف الخبز بالنسبة الى المواطن العربي، المصدر نفسه ص 40.

خصماً ضد الشريف حسين بن علي الذي وعدته بتأسيس الدولة العربية الكبرى ولكن على حساب العراق . حيث تم ضم رقعة من الأرض شمال الكويت إليها ، بحيث رسم لها خط يمر بجنوب أم قصر وصفوان وجبل سنام وحتى لا يمكن اثارة تركيا فقد وافقت بريطانيا على ادراج نص يقول بأن الكويت بحالها الجديد مازالت تحت السيادة العثمانية وتابعة لولاية البصرة وان للحكومة العثمانية حق تعيين موظفاً رسمياً في الكويت تدليلاً على هذه السيادة [207] .

واذا كانت معاهدة عام 1913 بين لندن والأستانه أول معاهدة أو محاولة لتخطيط الحدود في منطقة الخليج العربي وخصوصاً لبعض الإمارات والمشايخ فانها بالمقابل أثارت مشكلة أبدية دائمة الاشتعال بين العراق والكويت جعلت من المنطقة بؤرة توتر دائم . حيث انها لم تكن مجرد حدود ، وخلافات على مجرى نهري ، او حتى حقوق امتياز النفط وتنقيبه ، وانما تعدت الى أكثر من ذلك لترمي بثقلها الواضح على كل مسارات الأحداث السياسية ، والاقتصادية في المنطقة ، ولم تقتصر على هذا النظام السياسي او ذاك وانما أصبحت قضية شاملة ، وغرست في مخيلة الادراك الأمني ، والسياسي العراقي ، بحيث انها تنفجر في أية لحظة تجد لها الظروف المناسبة لانفجارها ، ولم تأخذ في حساباتها أي اعتبار أو مقياس آخر . انها بالتحديد خارجة عن المقاييس والاعتبارات المتعلقة بالنزاعات الحدودية . انها ليست مسألة نزاع وخلاف حدودي يمكن تسويته ، كبقية الخلافات ، وانما هي سيادة العراق ، وهذا الذي لم يدركه الطرف المقابل ، الذي أضحى رهينة المخططات الستراتيجية للقوى

(207) المصدر نفسه ص 66 . ومما تجدر الاشارة اليه هو ان اتفاقية 1913 لم تضم جزيرة وربة وبوبيان ضمن رقعة اراضي شيخ الكويت وانما تركتها لولاية البصرة ، حيث انه في رسالة المعتمد البريطاني الى شيخ الكويت في 1914/11/3 طلب منه احتلال أم قصر وصفوان وجزيرة بوبيان التي كانت تحت النفوذ العثماني ، المصدر نفسه ، ص 67 ، وكذلك ينظر حسن سليمان محمود : الكويت ماضيها وحاضرها ، المكتبة الأهلية ، بغداد ، 1968 ص 190 .

الكبرى [208] . وهذه في الحقيقة نتائج لمقدمات وضعها البريطانيون عندما قاموا باصطناع تقسيمات حدودية لخلق تشكيلات سياسية لا تتماشى مع الواقع الاجتماعي للمنطقة فوضعوا بذور التفتيت والانقسام الذي لم يعرفه إقليم الخليج من قبل وهم لم يكتفوا بالتقسيم وخلق الكيانات السياسية التي تخدم مصالحهم بصفة أساسية ، بل كانوا يقومون بتوسيع او انشاء أمارات جديدة أو ازالتها بحسب ما تتطلبه مصالحهم [209] .

(208) محمد السعيد أدريس ، مصدر سبق ذكره ، ص 514 ، وقارن مع سالينجر ولوران ، المفكرة المخفية لحرب الخليج ، رؤية مطلع على العد العكسي للأزمة ، بيروت ، شركة المطبوعات للنشرـ 9911 ، ص 39-83 .

(209) محمد السعيد ادريس ، مصدر سبق ذكره ، ص 53 ، قارن مع محمد غانم الرميحي ، الخليج ليس نفطاً ، دراسة في اشكالية التنمية والوحدة ، الكويت ، 9831 ، كاظم للنشر ، ص 99-021 .

المبحث الثاني

السلوك السياسي العراقي ازاء مشاكل الحدود

في الواقع ، أن السلوك السياسي العراقي ازاء مشاكل الحدود مـع الكويت ، سـواء أندرج ضمن مبدأ " الحقـوق التاريخيـة " ، او خلافات حدوديـة ، قـد اتخـذ مـن خـلال مستويين ، ضمن ظروف محددة ليس لها علاقة بطبيعة النظام السياسي القائم سواء كان ملكياً ، او جمهورياً ، موالياً للغرب أو معادياً له.

- المستوى الأول :

وهو الذي تجسد في البدايات الأولى لتكوين الدولة العراقية التي كان همها الأول هو ترسيخ النظام السياسي الوطني ، والمحافظة قدر الإمكان على سيادة الأرض الوطنية والإقليمية والتمسك بالأرض العراقية التي أضحت قطعة كيك ، كل طرف يحاول اقتطاع جزء منها ، وخاصة بعد أن برز البترول كأحد نقاط التنافس بين شركات النفط وحكوماتها ، والذي على أساسه حددت الحدود ، وقسمت الأوطان ، ونصبت العروش ، ففي هـذا المستوى أيضاً تجلت رغبة قادة الدولة العراقيـة ، وخصوصاً قبل الاستقلال السـعي الى المحافظة عـلى حـدود العراق وبالشكل الـذي يقلل مـن الظلم الـذي لحـق بـه جـراء الاتفاقيات السابقة ، وخصوصاً وانها تجاهلت بعض الجـزر والحـدود معهـا في الميـاه الاقليمية ، وخصوصاً جزيرة بوبيان التي لم تكون ضـمن أراضي مشيخة الكويت والتي جاء على عدم ذكرها مؤرخ الكويت عبد العزيـز الرشيد في كتابـه تأريخ الكويت الـذي أعيد طبعه فيما بعد .

إذ يؤكد يعقوب عبد العزيز الرشيد بأنه في ذي الحجـة مـن عـام 1338 هجريـة المصادف (1917) فان سالم الصباح قد أرسل الى الحكومة البريطانية رسالة احتجاج على تعديات ابن أسعود وعلى طمعه في الكويت وحدودها ، ومحاولته ضم عربانها اليه ... وقد أجابته الحكومة البريطانية بأنها ستعين مميزاً ليميز الحدود بين الكويت ونجـد عـلى شرط أن يقبل الأثنان ما يحكم به ، وانها ستبت في الأمور التي رفعـها

اليها ، ثم طلبت منه قبل كل شئ أن يكف عن الاعتداء على أين أسعود ورعاياه ، وان يقدم لها المواد التي يريد البحث فيها مبيناً ما يقبله منها وما يرفضه . فقدم لها ما طلبت ولكن حصل في هذه الاتفاقية بعض التعديل التي سميت بمعاهدة الدارين , والتي نصت على :

1- أن تمتد حدود الكويت من جزيرة العمار جنوباً الى قرب انطاع والى وبرة واللهابه والقرعة واللصافة الى حفر الباطن وشمالاً الى جبل سنام وصفوان وأم قصر .

2- أن كلا الحاكمين هو المسؤول عما يجري في حدوده من تعديات العرب الساكنين هناك . أما المواد الأخرى 3 ، 4 ، 5 فانها نظرت كيفية الانتقال بين القبائل ، والتجارة الحرة ، وأعطت لبريطانيا الفصل في المنازعات [210] ، ومما يؤكده محمد السعيد أدريس بأن الخطة البريطانية تضمنت ثلاثة عناصر ، حيث انه بالإضافة الى ما تم الإشارة اليه ، فان العنصر الثالث هو ترسيخ تقسيم اليمن بين الاحتلال السعودي لشمال اليمن في عسير واليمن العربية التي أعطيت للأمام يحي بعد الانسحاب العثماني من اليمن عام 1918 ، وجنوب اليمن وحضرموت التي قسمت الى المحمية الشرقية والمحمية الغربية [211] .

ومن هنا يلاحظ بأنه لا ذكر لجزيرة بوبيان التي كانت ضمن سيادة البصرة الخاضعة للنفوذ العثماني ، والتي طلبت بريطانيا من شيخ الكويت خلال الحرب بإحتلالها إضافة الى أم قصر وصفوان ، مقابل أن تقوم الحكومة البريطانية بالأعتراف على كون مشيخة الكويت مستقلة تحت الحماية البريطانية ، وهو مما يؤكد على أن الكويت حتى سنوات الحرب العالمية الأولى لم تكن مستقلة ، وان هذا الوعد جاء من قبل طرف لا يملك أي حق قانوني ، لأنها ما زالت قضاء تابع لولاية البصرة

---

(210) يعقوب عبد العزيز الرشيد : تأريخ الكويت ، منشورات مكتبة الحياة ، بيروت 1978 ، ص 253 .

(211) محمد السعيد ادريس ، مصدر سبق ذكره ص 133 .

وتحت السيادة العثمانية [212] .

كما أن مجريات الحرب العالمية الأولى ، وما تمخضت عنه من سيطرة بريطانية شاملة على المنطقة وبغية مكافأة أبن أسعود على مساعدته بريطانيا في الوقوف على الحياد ، فقد تم عقد اتفاقية العقير الثانية عام 1922 التي منحت أبن أسعود أراضي من الكويت بمساحة 38000 كم² ، وحددت المنطقة المحايدة بين السعودية والكويت بمساحة 4600 كم² ، اذ لم يبقى للكويت غير 14700 كم² ، مما دفع حكومة لندن الى منح الكويت جزيرتي وربة وبوبيان والذي يعد في وقته أجراء مخالف لميثاق عصبة الأمم المتحدة التي أنتدبت بريطانيا على شؤون العراق ، مما جعل المندوب السامي بيرس كوكس أن يوجه رسالة الى الميجور مور الوكيل السياسي البريطاني في الكويت والذي أكد بأنه ((لا يضمن اعتراف حكومة العراق بهذه المعاهدة)) [213] .

ولذلك فان المراسلات التي جرت ابتداء من عام 1922 وحتى استقلال العراق في عام 1932 ، ما بين الحكومة العراقية والحكومة البريطانية كانت منصبة على مسألة تعديل حدود العراق بالشكل الذي يؤكد سيادته الوطنية والإقليمية ويزيل ما لحق به من ظلم في حدوده الجنوبية ، وإصراره على عدم التفريط في أي شبر من حدوده الشمالية وخصوصاً النزاع الذي إندلع حول مدينة الموصل .

واذا كان هذا المستوى قد انحصر في نطاق الدبلوماسية التي سلكها العراق في العشرينات ، إلا أن المستوى الثاني من التعامل قد إتخذ أبعاداً مختلفة تتناسب والظرف الدولي والاقليمي ، وهو ما يتضح في الصفحات القادمة .

-المستوى الثاني من التعامل :

في هذا المستوى من التعامل والذي انطلق بعد أن حصل العراق على

(212) عصام الطاهر ، مصدر سبق ذكره ، ص 68 . وقارن محمد السعيد ادريس ، مصدر سبق ذكره ، ص 194 وكذلك ينظر

Liest Graz The Turbulent Gulf (London , New York) , Martin , press , 1990 , p. 5 .

(213) عصام الطاهر ، مصدر سبق ذكره ، ص 91 .

استقلاله السياسي كدولة معترف بها من الأسرة الدولية ، وعضوء في عصبة الأمم ، فانه تركز على مبدأ ((الحقوق التاريخية)) الذي لم يطالب بتعديل الحدود، وانما تجاوز الى مسألة الضم الكامل لتلك القائمقامية التي سلخها البريطانيون عن ولاية البصرة ، ومنحوها الاستقلال ولكنها بقيت تحت الادارة الاستعمارية وإن هذا المستوى قد عبرت عنه أربع محاولات جرت في غضون أكثر من نصف قرن وعلى أيدي قادة عراقيين يختلفون في تصوراتهم السياسية ، ومبادئهم ، ومرجعيتهم ، وفلسفتهم ، وحتى ارتباطاتهم وعلاقاتهم الخارجية ، إلا انهم يشتركون في شئ واحد هو ضرورة تعديل الحدود الجنوبية للعراق .

- محاولة الملك غازي 1938 :

مما يثير الاستغراب هو أن الدوائر الرسمية في الكويت ، سواء كان على مستوى الحكومة او الإعلام ، ومراكز البحوث تتجاهل هذه المحاولة ولم تشر اليها من قريب و لا من بعيد . ليس لأنها جرت من قبل ملك ينتمي الى الأسرة الهاشمية القريشية التي تناصب العائلة السعوديه العداء التاريخي في الصراع الذي قاده الشريف حسين ضد السعوديين ، وأما لأنها جاءت استجابة لما كان يغلي في داخل الكويت من بروز تيار قومي قوي يطالب بالعودة الى العراق " كوطن أم " وعدم الانصياع للمحاولات البريطانية في تمزيق الأمة العربية الى دويلات صغيرة ومتطاحنة . اذ أن الكتاب الكبير الحجم الذي أصدره مركز البحوث والدراسات الكويتية في طبعته الثانية عام 1994 والذي جاء تحت عنوان ((العدوان العراقي على الكويت الحقيقة والمأساة)) ، فانه في ص 47 قد تجاهل تماماً محاولة الملك غازي عام 1938 ، والذي دفع حياته ثمناً لها، لينتقل مباشرةً الى المحاولات الأخرى . كما انه لم يتطرق اطلاقاً الى معاهدات العقير الأولى ، ولا الثانية ولا يشير كذلك الى المراسلات ما بين شيخ الكويت والحكومة البريطانية التي طلبت منه احتلال جزيرة بوبيان خلال الحرب العالمية الأولى (214).

---

(214) " حقيقة العدوان العراقي على الكويت " مجموعة كُتاب ، اصدار مركز البحوث والدراسات الكويتية ط1994/2ص 47 ، وكذلك ينظر للصفحات ص 234 ، 35، 36 .

أن من بين العوامل التي شجعت الملك غازي في مطالبته العلنية بضم الكويت هو ما حصل في الكويت نفسها من استجابة قومية تمثلت أول الأمر في انتقاداتها الشديدة ضد السيطرة الاستعمارية الى أن تبلورت في مطالب سياسية ودستورية داخل المجلس التشريعي ، حيث تشكلت حركة " الكتل الوطنية " ضد شيخ الكويت مطالبين بالانضمام الى العراق ، والذي اتخذ شرعية لكونه صادر عن المجلس التشريعي ، حيث وقع على المذكرة جميع الشخصيات الوطنية الكويتية ومنهم :

عبد الله الصقر ، سليمان العدساني ، ومحمد ثنيان الغانم ، وعلي السيد سليمان ، وعبد الله آل فلاح ، يوسف المرزوق ، صالح عثمان الرشيد ، يوسف الغانم [215] . وغيرهم . إلا أن هذا التجمع قمع بقوة ، ونفي العديد منهم ، بعد أن دبرت حادثة مقتل الملك غازي في السيارة التي ارتطمت بعمود الكهرباء [216] ، وأتت الحرب العالمية الثانية لتجمد القضية الى ما بعد الحرب التي أخذت منحنيات جديدة من قبل بريطانيا نفسها ، على الرغم من التسويات والمقترحات التي طرحت من فترة الى أخرى إلا انها جوبهت بمعارضة عراقية واضحة وصريحة ، وخصوصاً من قبل بريطانيا التي حددت رؤيتها للحدود العراقية - الكويتية على النحو التالي :

1- على طول امتداد الباطن يمتد خط الحدود بامتداد الثالوك ، أي بعبارة ثانية ، خط أعمق انخفاض .

2- تكون النقطة الواقعة جنوب خط عرض صفوان تماماً هي نقطة الثالوك للباطن الواقع غرب النقطة وقليلاً الى جنوب صفوان ، حيث كانت تقوم هناك لوحة تأشير الحدود والعمود حتى مارس 1939 .

---

(215) عصام الطاهر ، مصدر سبق ذكره ، ص 98 .

(216) خصص الملك غازي مخطة اذاعية ركزت على تاييد تابعية الكويت للعراق ، وان " على العراق يضم الكويت بالقوة المسلحة في حال فشل الرسائل السلمية " ينظر في ذلك سالم مشكور ، مصدر سبق ذكره ص 98.

3- يكون خط الحدود من الباطن الى قرب صفوان بموازاة خط العرض ، حيث تقع النقطة المذكورة أعلاه وفي الموقع الذي كان قائماً فيه عمود الحدود ولوحة التأشير سابقاً .

4- أن تقاطع خور الزبير وخور عبد الله يعني تقاطع خور الزبير مع ثالوك الذراع الشمالية الغربية لخور عبد الله المعروف بخور شتانة .

5- يكون خط الحدود من قرب صفوان الى تقاطع خور الزبير مع خور عبد الله أقصر خط بين النقطة المحددة في الفقرة (2) أعلاه والنقطة المحددة في الفقرة (4) أعلاه ويتم تعديل خط الحدود هذا اذا ما وجد على الأرض بحيث يلامس الضفة اليمنى لخور الزبير قبل بلوغه النقطة المحددة في الفقرة (4) وبشكل يجعله يسير مع خط المياه المنخفضة للضفة اليمنى لخور الزبير ، الى حين بلوغ نقطة تقع قبالة النقطة المحددة في الفقرة (4) تاركة خور الزبير بأكمله للعراق . وقد رفضت الحكومة العراقية هذه الرؤية البريطانية [217] .

محاولة الملك فيصل الثاني ونوري السعيد :

لقد اتسمت فترة ما بعد الحرب العالمية الثانية بالهدوء ، واعادة تقييم السياسة البريطانية في المنطقة ، ومعالجة مخلفات الحرب على المستويات الوطنية، والاهتمام باستخراج النفط وتسويقه بالشكل الذي يمكن من خلاله تعويض الخسائر التي ولدتها الحرب في الاقتصاد البريطاني ، وفقدانها لمكانتها الدولية . وفي ما يتعلق بالعراق حيث ثورة 1941 ،وما تلي بعد ذلك مع انتفاضة1948 التي ألغت معاهدة بورتسموث ، دفعت الحكومة البريطانية الى عمل شئ ما يؤكد على اهتمامها بالعراق ، وخصوصاً بصدد المطالبات العراقية التي عادت من جديد حول حدوده الجنوبية التي يرى فيها العراق بأنها رسمت بالشكل الذي ألحق ضرراً كبيراً بالسيادة العراقية . فقررت لندن تحديد خط جديد للحدود في عام 1951 ، في الوقت الذي

---

(217) -سالم مشكور ، مصدر سبق ذكره ، ص 105 - 106 وقارن مع وليد الأعظمي ، الكويت في الوثائق البريطانية ، لندن ، رياض الريحي للنشر ، 1991 .

أختمرت في مدركات بعض قادة الحكومة العراقية فكرة تأسيس اتحاد هاشمي يجمع الأردن والعراق اضافة الى الكويت ، حيث اهميتها النفطية وإطلالتها البحرية التي تقدم للعراق في هذه الحالة مجالاً واسعاً على الخليج العربي ، وبدون اثارة أية مشكلة على النطاق الاقليمي او العربي ، ولا حتى الاستناد الى مبدأ " الحقوق التاريخية " كما حصل في محاولة الملك غازي - توفيق السويدي [218] .

وفي هذا الخط الجديد الذي حدده البريطانيون عام 1951 ، فان نقطة الحدود الواقعة جنوب صفوان تقع على بعد ألف متر جنوب مركز الجمارك العراقي وهو الأمر الذي أدى الى التخلي عن لوح الخشب الذي ثبتت به الحدود السابقة ، كما انه محاولة بريطانية لتفسير الاستجابة للرسائل الدبلوماسية العراقية ما بين1923 - 1932 وقد وافقت الكويت على ذلك ، لأنها أساساً لم تخسر شيئاً ، إلا أن الحكومة العراقية رفضت هذا الترسيم واشترطت تأجير جزيرة وربة الواقعة في رأس خور الزبير وقبالة أم قصر ، لكي توافق على العرض البريطاني [219] .

وفي الواقع ، فان أحداث عام 1956 حيث العدوان الثلاثي على مصر ، وتأميم قناة السويس ، وما عصف بالمنطقة من أحداث دشنتها الثورة المصرية ، وثورة مصدق في ايران ، ظهرت بعض الآراء البريطانية المؤيدة لتأسيس الاتحاد الهاشمي وهو القوس الثلاثي الذي يمكن أن يوقف الانتشار الشيوعي في المنطقة ، كما انه يمكن أن يشكل أيضاً حاجزاً ضد طموحات المملكة العربية السعودية في الكويت . كما وان هذا التكوين السياسي والاجتماعي و الاقتصادي يمكن أن يشكل مرتكزاً قوياً للنفوذ البريطاني في المنطقة بمواجهة المنافسة القوية من الولايات المتحدة التي أبدت ترحيبها بذلك . ورغم معارضة الكويت لهذا المشروع الذي رأت فيه بانه محاولة

(218) -أحمد سعيد نوفل : أرضية الصراع في الخليج العربي ، مجلة المستقبل العربي ، العدد 150 (8) 1991 .

(219)خالد السرجاني : ترسيم الحدود العراقية -الكويتية بعد أزمة الخليج الثانية،السياسة الدولية، العدد1111/

199ص 232

لضمها الى العراق ، إلا انها لم تعد قادرة على الرفض المطلق لكونها واقعة تحت الحماية البريطانية .

-محاولة عبد الكريم قاسم 1961 :

لقد شعرت بريطانيا بأن شمسها بدأت تغيب في منطقة الشرق الأوسط ، وخصوصاً " شرق السويس " حسب تعبيرها ، حيث أن المد الثوري القومي ، أخذ يغزو المنطقة ، ولكي تحافظ على نفوذها وخصوصاً مصالحها النفطية ، فانها قررت الغاء معاهدة الحماية المفروضة على الكويت منذ عام 1899 ، في التاسع عشر من يونيو عام 1961 . وإعلان الكويت امارة مستقلة ولكن وفق الشروط البريطانية التي تبقى فيها بريطانيا الدولة المعنية بحماية الكويت من أي اعتداء خارجي ، وإن كان لم يدرج في نص ، أو اتفاقية . وعلى أثر هذا القرار البريطاني ، فقد أعلن العراق على لسان رئيس الوزراء عبد الكريم قاسم في المؤتمر الصحفي مساء الأحد من يوم 25 يونيو 1961 تصميمه على ضم الكويت التي تعتبر جزءاً من العراق استناداً الى " مبدأ الحقوق التاريخية " ، ولم ينتهي المؤتمر الصحفي حتى نزلت القوات البريطانية في الكويت التي كانت متأهبة في مياه الخليج العربي [220]

ورغم أن الجيش العراقي لم يدخل الكويت ، ولا حتى المناطق الحدودية ، حيث أن قائد الفرقة الأولى العراقية لم ينفذ الأوامر بالسرعة التي أعطيت له ، إلا أن القضية اتخذت بعداً عربياً ، ودولياً ، وعسكرت على خط الحدود العراقية - الكويتية قوات من "جامعة الدول العربية " التي وقفت على الخط الذي سمي فيما بعد باسمها " خط جامعة الدول العربية " وهو الخط الذي يسير بموازاة الحدود

---

(220) حسن سليمان محمود : الكويت ماضيها وحاضرها،المكتبة الأهلية،بغداد 1968ص234.وينظر كذلك أحمد مصطفى ابو حاكمه:تاريخ الكويت الحديث 1750 - 1965دار السلاسل ، الكويت 1984. لم يشر- المؤلف في ص 353 حول مشكلة الحدود مع العراق الى هذه الحادثة ، الى حادثة عام 1938. التي اعلن فيها الملك غازي ضرورة ضم الكويت للعراق

الدولية الوهمية وفقاً للتفسير البريطاني لخط 1951، ويقع الى الجنوب والذي مـد العراق اليه نفوذه ، والـذي يسمى بالرميلة والمسافة بـين الخطين تصـل الى حـوالي كيلومترين [221].

وبسقوط عبـد الكريم قاسـم طويت صـفحة طويلـة مـن النزاع عـلى مبـدأ " الحقوق التاريخية " إلا انها لم تنتهي حتى بصيغة أكتـوبر 1963 والمحـاضر التـي تـم التوقيع عليها في بغداد في نفس السنة اذ أن الاتفـاق الـذي جاء بعد المفاوضات بـين الوفدين العراق والكويتي قد نص في بعض بنوده على :

- الاعتراف باستقلال الكويت وحدودها المبينة بكتاب رئيس الوزراء لعام 1932 .

- توطيد العلاقات الأخوية .

- التعاون الثقافي ، والتجاري والاقتصادي .

- تبادل التمثيل الدبلوماسي .

وقد أشارت بعض المصادر الى أن الوفد الكويتي الذي كان برئاسة صباح السالم الصباح الذي التقى بعبد السلام عارف ، ورئيس الوفد المفاوض أحمد حسن البكر وصالح مهدي عماش ، قدم للعراق مبلغاً يقدر بحوالي 30 مليون دينار على اساس قرضاً كويتياً بدون فائدة لمدة خمسة وعشرين عاماً [222] . ولكن هـذه المحـاضر والاتفاقات التـي تـم التوصل اليها لم تتم المصادقة عليها ، وجاءت احداث نوفمبر 1964 لتطوي صفحة أخرى من النزاع الذي بدأ يختـم مع نهاية الحرب العراقـية - الايرانية ، حيث انه لم يمضـ عـلى وقف اطلاق النار وقت طويـل ، حتى بـدأت السحـب السوداء تخيـم عـلى المنطقة أن مطلع سنة 1990 قد أشر نبرة جديدة في الخطاب السياسي الغربي ، الرسمي والاعلامي ، الأمر الذي أنذر بأزمة جديدة وفقاً

---

(221) خالد السرجاني ، مصدر سابق ، ص 233 .

(222) -فاطمة يوسف العلي : عبد الله السالم ، رجل عاش ولم يمت ، مطبعة الكويت ، بدون تاريخ ، ص 127 .

لحسابات استراتيجية تتناسب والوضع الدولي الجديد الذي نشأ عقب سقوط جدار برلين .

ومن الطبيعي جداً أن يرى الكويتيون بأن توقف الحرب العراقية - الايرانية والانفراج الدولي الجديد بين الشرق والغرب أضحى فرصة مؤاتية لإنهاء مشكلة الحدود مع العراق . اذ بدء الكويتيون مطالبة العراق بإنهاء مشكلة الحدود . وقام ولي عهد الكويت ورئيس الوزراء الشيخ سعد العبد الله بزيارة بغداد على رأس وفد كبير وكانت مسألة الحدود على رأس قائمة المطالب ، إلا أن الوفد لم يتلقى رداً عراقياً واضحاً حول هذه المسألة مما جعل الكويت تطالب بالديون المستحقة على العراق خلال حربه مع إيران الأمر الذي مهد لإنفجار أزمة جديدة (223) .

ازمة آب/1990 والطريقة الجديدةلترسيم الحدود :

في الواقع ، أن ما جرى في الثاني من أغسطس1990 لم يكن إلا نتيجة للسياسات الأمريكية التي اتبعت تجاه العراق منذ بداية عام 1990 ، وحتى الأسابيع الأولى من دخول القوات العراقية الكويت . حيث أن الأزمة لم تكن في جوهرها أزمة حدود متنازع عليها ، أو بعض الأمتار التي يجب التنازل عنها ، بقدر ما كانت أزمة سياسية - اقتصادية أثيرت بمختلف الطرق والوسائل بهدف تحطيم العراق اقتصادياً وتركيعه سياسياً وعسكرياً ، وبالتالي سحبه الى حرب مدمرة خططت لها الولايات المتحدة الأمريكية منذ وقت ، وأعدت لها كل السيناريوهات بالشكل الذي يضع الأزمة ومسبباتها في نفق مظلم ليس له طريق غير الحرب ، وتكبيل العراق ، بعدد من القرارات الدولية التي تنزع قدرته العسكرية وتوقف تقدمه التكنولوجي (224) . وان ذلك لا يمكن إلا من خلال اثارة مسألة الكويت واتباعها

---

(223) -سالم مشكور ، مصدر سبق ذكره ، ص 104 .

(224) -محمد السعيد ادريس ، مصدر سبق ذكره ص 507 وقارن مع عبد الرحمن محمد النعيمي ، الصراع على الخليج العربي ، بيروت المركز العربي الجديد للطباعة والنشر 1992 ، ص 104 .

سياسة استفزازية ضد العراق وهو الأمر الذي اعترف به وزير النفط الكويتي الى نظيره الجزائري (بوسته) عندما قال له أن السياسة النفطية التي تتبعها الكويت لم تكن موجه ضد الأوبك ، وإنما ضد العراق [225].

كما أن المتتبع للأحداث التي تسارعت في مارس عام 1990 ، وخصوصاً خلال التحضيرات التي سبقت مؤتمر القمة العربي في بغداد ، ليكشف عن ذلك الكم الهائل من التحليلات ، والدراسات التي انهالت دفعة واحدة مركزة على ما يمثله العراق من خطر على العالم الغربي ، وبأنه عامل مهدد للأمن والاستقرار في الشرق الأوسط ، ولجيرانه ، ناهيك عما طرحته المذكرة التي بعثتها وزارة الخارجية الأمريكية للأمانة العامة لجامعة الدول العربية وقبل انعقاد المؤتمر بعدة أيام موضحة تلك الأفكار والتصورات الأمريكية بخصوص مستقبل المنطقة والعراق خاصة حيث الاتهام الموجه له بأنه خرق الكثير من الاتفاقيات والمعاهدات الخاصة بامتلاك اسلحة التدمير الشامل [226].

في الواقع ، وكما دلت الأحداث بعد الحرب ، واستمرار فرض الحصار على شعب العراق فان الأحداث كان بفعل خارجي استفاد من مناخ دولي جديد ، لم يبقى فيه غير لاعب واحد ، مهيمن ، مسيطر ، وموجه لسلطة القرار الدولي المتبلورة في المنظمة الدولية ، ومجلس أمنها ، حيث الفصل السابع من الميثاق الذي ترجم

---

(225) -ندوة أزمة الخليج وتداعياتها على الوطن العربي ، القاهرة 21 - 22 / ابريل 1991 ، حيث أشار الدكتور خير الدين حسيب بان العراقيين تلقوا معلومات من السيد أبو ستة وزير النفط الجزائري مفادها ان وزير النفط الكويتي الشيخ خليفة الصباح أكد على ان زيادة انتاج النفط الكويتي وخفض اسعاره سياسة موجه ضد العراق اساساً وليس ضد الجزائر - مجلة المستقبل العربي ، العدد 148 (6) 1991 ص 172 .

(227) ناظم عبد الواحد الجاسور : المشروع النهضوي العراقي وثوابت السياسة الأمريكية في الشرق الأوسط ، دار الشؤون الثقافية ، بغداد 194 - ص 157 .

لأول مـرة في تاريخ المنظمـة الى فقرات خاصـة بتنفيـذ مـا خططت لـه الإدارة الأمريكية في عهد الرئيس بـوش ضد العراق ، ووضع الترتيبـات الأمنيـة وأعـادت صياغة المنطقة سياسياً ، واقتصادياً ، وحتى جغرافياً وفقاً لمدركات نظرية الأمن القـومي الأمريكية[228] .

واعتقد كما يؤكد ذلك الكثير من راقبوا الوضع عن كثب ، بأن العامل النفطي (الاقتصادي) ، والعامل الأمني (حيث التمهيدات الاسرائيلية - الأمريكية بضرب العراق) وفي اطاره السياسي قد ساهمت بدرجة كبيرة في بلورة " المسألة الحدودية " ، وتوجيهها وفي تحديد معدلات تفاعلها مع الحدث السياسي - العسكري الـذي حصـل في الثاني من أغسطس 1990 والذي اشعلته حقول الرميلة النفطية ، التي كانت محط أنظار الشركات الأمريكية التي خرجت من العراق من خلال قرارات التأميم بعد حرب 1973 ، حيث بعد الإنتهاء من ترسيم الحدود في عام 1992 بموجب اللجنة الخاصة التي تشكلت مـن الأمم المتحدة طبقاً للقرار 687 / 991 ، فان الشركات النفطية الأمريكية استحوذت على الحقول العشرة الموجودة في منطقة الرميلة[229] . التي اقتطعت مـن السيادة العراقيـة وضمت الى الكويت ، ومن الطبيعي جداً ، فان القرارت السريعة في اصدارها ، والمتجاوزة جداً في أهدافها المعلنة ، وحتى مـن اجـل معالجـة وتطويـق الأزمـة ، فامـا تعـدت الى أهداف أخرى ، وغايات سرية ، وردود أفعال منتظرة ، كما أن ما لعبته قرارات جامعـة الدول العربية على مستوى القمـة ، أو وزراء الخارجيـة التي كـان الجماهيريـة العظمـى موقفها الواضح

(228) سمير امين : بعد حرب الخليج الهيمنة الأمريكية الى أين ، مجلة المستقبل العربي العـدد 170 (4) 1993 ص 4 ، وينظر كذلك في نفس العدد ؛ أحمد عبد الرزاق شكارة : الفكر الاستراتيجي الأمريكي في الشرق الأوسط ، ص 32 .

(229) للمزيد من الاطلاع على المطامع الأمريكية على نفط العراق ، وخصوصاً بعد عام 1973 ، ينظر في ذلك : فيلبس بينس ومايكل مشيك: ما وراء العاصفة قراءة في أزمـة الخليج، مـن مجلـة شـؤون الأوسط ، العدد 12/ سبتمبر 1992ص 88.

في ذلك ، تلك القرارات دفعت بالعراق الى اتخاذ قرارات بمواجهة الحجج التي واجهته لكي تكون هناك معادلة التوازن في المطالب والحقوق ، حيث أن قرار الضم العراقي للكويت لم يعلن إلا في 24 أغسطس 1990 ، ولاسيما بعد أن وصلت الأزمة الى طريق مسدود ، وهـذا مـا إعترف بـه الكتـاب الأبيض الـذي أصدرته المملكة الأردنيـة الهاشمية (230) .

ومن هنا ،فان الأزمة التي انطلقت مـن كونهـا أزمة سياسية - اقتصادية ، و مـؤامرة عـلى العـراق توكلت الكويت بتنفيـذها ، وكونهـا الحلقـة الأضعف في النظام الاقليمي ، فانها تحولت الى أزمة قائمة على مبدأ " الحقوق التاريخية " من كون الكويت كانت جزءاً مـن العراق ، وعـلى ضوء ذلك ، فان كل السـلوك السياسي العراقي والدبلوماسي قام على هذا الأساس ، وحتى بعد الحرب ، حيث القرار الخاص بوقف اطلاق النار وكيفية ترسيم الحدود .

ولذلك ، فان الولايات المتحدة التي دفعت بالأزمة نحو حافة الحرب المدمرة للشعبين العراقي والكويتي ، وكـما حاولت بريطانيا في عقـود سيطرتها الاستعمارية أن تجعل من الخلافات الحدودية في المنطقة أداة لبقاء حمايتها ، وتحكمها بشؤون المنطقة وامتيازاً لشركاتها النفطية ، فان واشنطن سعت بعد الحرب الى أن تجعل من مشكلة الحدود العراقية - الكويتية ، والمنطقة برمتها ، بـؤرة توتر دائمـة لكي تؤكد حضورها العسكري الدائم في المنطقة من خلال الاتفاقيات الأمنيـة ، وصـفقات التسـلح ، والحشد العسكري الهائل في مياه الخليج العربي وعلى أرض بعض دوله . وهذا ما جسدته عمليـة تخطيط الحدود التي تكفلت بها لجنة خاصة من مجلس الأمن .

-وفي الواقع ، على الرغم من كل المآخذ التي سجلت عـلى اللجنـة الخاصة التـي تشكلت بموجب القرار 1991/687 لترسيم الحدود العراقية - الكويتية وفقاً

(230) - الحكومة الأردنية ، الكتاب الأبيض ، الأردن وأزمة الخليج ، اغسطس 1990 - مارس1991 . ينظر أيضاً

ليلى شرف : موقف الأردن من الأزمة ، المستقبل العربي 148 (1) 1991 .

للصيغ والآراء الأمريكية الواضحة ، وخاصة ما يتعلق بحقول نفط الرميلة ، فان السؤال الذي بقى يطرحه كل الذين تناولوا هـذا الموضوع ، هـو : هـل أنتهت المشكلة الحدودية بين العراق والكويت ؟ وهل تخلى العراق عن مبدأ الحقوق التاريخية. في عدم مطالبته مجدداً بضم الكويت او جزء منها الى التراب العراقي؟ [231].

أن الجواب على هذا السؤال لا يمكن أن يكون رهيناً بالمستقبل فقط ، حيث أن أحداث الماضي ما زالت درساً لم يتعظ به ، وانما أجابت على هـذا السؤال أطرافاً كويتيـة ،وغربية، قبل أن يعطي العراق جوابه الذي كان رافضاً لكل ما قامت به اللجنة مـن أعمـال مخالفـة لكل الاتفاقيـات والمعاهـدات السابقة . حيث أكـدت وزارة الخارجيـة العراقية في رسالة الى الأمين العام للأمم المتحدة في 19 يونيو بأن مـا قامـت بـه اللجنة لم يكن إلا خلق بؤرة توتر دائمة [232].

أما صحيفة فينشال تايمز البريطانية فقد حذرت من خطة الترسيم التي أنشأتها اللجنة والتي حرمت العراق من قاعدته البحرية الوحيدة في أم قصر وأشارت بـأن هـذه الخطة ستعمق الصراع القائم ، بدلاً من تسويته [233].

أما الدكتور شفيق ناظم الغبرا ، استاذ العلوم السياسية في جامعة الكويت فإنه يؤكد من جانبه على أن أصل المشكلة العراقية الكويتية مرتبط بأصل النزاع بين كل جـار وجاره ، وهو مرتبط أيضاً بطبيعة المجتمعات الحديثة العهد والتي تنتظم في دول حديثة العهد أيضاً . ويمكن القول أن الحسم في مسألة نهاية حـدود دولـة وبداية حـدود دولة أخرى في منطقة الخليج العربي أمر صعب لأسباب تتعلق بحداثة

(231) -خالد السرجاني - مصدر سبق ذكره ، ص 231 ، وينظـر كـذلك لبحـث عبـد الجليـل مرهـون : نزاعـات الحدود في شبه الجزيرة العربية ، مصدر سبق ذكره ، ص 62 ، وكذلك بحثه المعنـون : الخليج العربي في التسعينات : لوحة التحالفات السياسية ، مجلة شؤون الأوسط ، العدد 14 يناير1993 .

(232) -خالد السرجاني ، مصدر سبق ذكره ، ص 235 .

(233) -مجلة المستقبل العربي العدد 158 (4) 1992 ، ص 165 .

الدول والحدود في مجتمعات الجزيرة والخليج العربي [234] .

ومن ناحية العراق ، فان الغبرا يشير الى انه يتمتع باطلالة على الخليج العربي ، إلا انها اطلالة صغيرة نسبة لحجمه ، وقياساً الى وضع جيرانه ، ولتصوراته السياسية عـن دوره ، الاقليمي والقومي . ومن هنا فان ((الكويت كانت دائماً حاضرة في العقليـة السياسية العراقية ومنذ نشوء العراق الحديث)) [235] وحتى الوقت الحـاضر ، ولا سـيما وان قضية اطلالة العراق على الخليج كانت الشغل الشاغل لكل الساسة العراقيين ابتداء من نوري السعيد ، والملك غازي مروراً بعبد الكريم قاسـم ، وصدام حسين وسيكون في المستقبل كـذلك اذا لم يـتم التوصل الى حـل جـذري للمشكلة التي لا يمكـن أن تحل بالطريقة التي رسمها قرار 687 / 1991 ، ولا بـالقرار 833 / 1992 الـذي أقره مجلس الأمن بخصوص الحدود بين العراق والكويت ، ومصادقاً لأعمال لجنة الترسيم .

ومن هنا ، فان الغبرا يشير في نهاية بحثه بأنه ((يمكـن القول بـأن الترسـيم قـد أنهى مشكلة الحدود في اطار القانون الـدولي (الـذي فرضته أحادية القطب الواحـد) ولكن هذا لا يعني أن الشأن الحدودي في جانبه السياسي لـن يثار في المستقبل)) [236] ، وخصوصاً وان الهيمنة منتهية بالمعنى التاريخي ، وان الظروف الدولية والاقليميـة التي فرضت هذه الحالة الخاصة من ترسيم الحدود سوف لن تستمر ولا سـيما بـان المنطقة حبلى بالمتغيرات التي تقذفها كل يوم ، ناهيك بأن الذين يتحكمون بها تحكمهم خيارات استراتيجية تفرض فعلها المباشر على سلطة القرار السـياسي في اطاره الـدولي والاقليمـي. وهو الذي سيكون عرضة للتغير والتبدل عندما تقتضي المصالح ذلك .

(234) -شفيق ناظم الغبرا : الكويت والعراق : قضية الحدود،مجلـة شـؤون اجتماعيـة العـدد 56 ، جمعيـة الاجتماعيين،الشارقة ، 1997ص60

(235) -المصدر نفسه ص 61 .

(236) -المصدر نفسه ، ص 78 ,

الفصل الخامس

5

الخلافات الحدودية والسياسة في الجزء الغربي

من الوطن العربي

المبحث الأول : خلافات الحدود المصرية - السودانية .

المبحث الثاني : خلافات الحدود في المغرب العربي .

الخلافات الحدودية والسياسة في الجزء الغربي
من الوطن العربي

يبدو ان معضلة الحدود والخلافات السياسية في هذا الجزء من الوطن العربي لم تكن بمثل تلك الحدة والعنف الذي شهدته في المشرق العربي ، وخصوصاً في منطقة الخليج العربي . فلكونها أكثر استقراراً وهدوءاً على الرغم من بعض حالات التوتر والحروب التي شهدتها في حالات نادرة وذات تأثيرات محدودة جداً ، فانها لا تثور إلا في أوقات تأزم العلاقات السياسية بين الدول ، كما ان ظروف نشأت هذه الدول تختلف جذرياً عن الظروف التاريخية التي مرت بها دول المشرق العربي ، اضافة الى ان عملية ترسيم الحدود في دول الجزء الغربي من الوطن العربي لم يتدخل فيها البعد الاقتصادي وخصوصاً النفط الذي عد اهم عامل حيوي وستراتيجي حرك كل التفاعلات السياسية في المنطقة وأدى الى عدم تطابق الحدود السياسية مع حدود الموارد الاقتصادية .

وتأسيساً على ما تقدم ، فان هذا الفصل يقسم الى مبحثين . حيث المبحث الأول سوف يتناول أشكالية الحدود المصرية - السودانية ، اما المبحث الثاني فسوف يركز على توضيح بعض حالات الخلافات الحدودية بين دول المغرب العربي والتي هي في جوهرها خلافات سياسية بين انظمة لها تطلعاتها القومية والخارجية ، اضافة الى الحساسيات الشخصية بين رؤساؤها لتزعم المنطقة .

المبحث الأول

خلافات الحدود المصرية - السودانية

لم تشهد العلاقات المصرية - السودانية أية أزمة حدودية وضعت هذه العلاقات على حافتها النهائية ، وإنما توترات محدودة وذلك للاختلاف والتوجهات السياسية بين النظامين . إلا أن المشكلة لم تأخذ أبعادها السياسية والقانونية إلا بعد ان قامت السودان بمنح امتياز تنقيب النفط لشركة البترول الكندية عام 1991 ، الأمر الذي جعل البعد الاقتصادي يرمي بكل ثقله في عملية ترسيم الحدود بين الدولتين ، حيث ان كل طرف قدم اسانيده التاريخية والثانوية والمستندة الى الوثائق البريطانية في تثبيت عائدية مثلت حلايب لسيادته الوطنية .

تاريخياً ، فان السودان قد ضم الى مصر في عام 1820 في اطار توسع امبراطوريته التي توسعت نحو كل الجهات . إلا ان هذه السيطرة الخديوية انتهت عام 1898 بخضوع السودان لإحتلال الجيش الانكليزي - المصري ، وأقيم نظام حكم ثنائي استمر حتى انسحاب القوات المصرية عام 1924 ، مما دفع بريطانيا الى اقامة نوع من الحكم غير المباشر معتمداً على العناصر الوطنية السودانية التي تبلورت في جوفها نزعة استقلالية سرعان ما نمت بشكل تدريجي لتتوج باستقلال البلاد عام 1956 [237] .

وقد حرصت مصر على تضمين وثيقة اعترافها باستقلال السودان ما يشير

---

(237) عبد السلام ابراهيم بغدادي ، رؤية قومية لدراسة المشكلة بين مصر والسودان ، مجلة شؤون سياسية ، بغداد ، مركز الجمهورية للدراسات الدولية ، العدد 5 / 1995 ، ص 115 .

الى رغبتها في ((ان تستمر حكومة السودان في رعاية الاتفاقات والوفاقات التي عقدتها دولتا الادارة الثنائية نيابة عن السودان)) [238] ، وهو الأمر الذي جعل الحكومة السودانية تفسر هذه الوثيقة مثابة اعتراف مصري صريح بعملية ترسيم الحدود المصرية -السودانية ، بما فيها منطقة حلايب ، حيث ان الدستور الذي صدر عام 1956 قد نص على ((ان الأراضي السودانية تشمل جميع الاقاليم التي كان يشملها السودان الانكليزي المصري قبل العمل بهذا الدستور ، لا سيما تأكيد السيادة على مثلث حلايب ، ولم تعارض مصر هذا النص [239] ، الذي صدر علناً معبراً عن سيادة السودان الوطنية والاقليمية . إلا ان صمت مصر على الاجراءات السياسية والادارية والدستورية التي اتخذتها حكومة الخرطوم لم يدم طويلاً اذ سرعان ما تفجرت أزمة في العلاقات بين الدولتين في عام 1958 وغرفت بأزمة الحدود المصرية - السودانية على منطقة حلايب وقبل تفجر الخلاف العراقي - الكويتي في علم 1961 . وقد جاء تفجر هذه الأزمة نتيجة عزم السودان أجراء انتخابات برلمانية ومحلية ، مما أوجب بموجب الدستور السوداني ادخال منطقة حلايب ضمن الدوائر الانتخابية في 27 شباط 1958، مما دفع مصر الى ارسال قوات عسكرية الى المثلث واحتلاله ومنع السلطات السودانية من القيام بالعملية الانتخابية ، الأمر الذي دفع الخرطوم ان تقوم بتدويل القضية من خلال عرضها على مجلس الأمن حيث تناسب القوى التصويتية في داخله لم تكن في صالح مصر.. ولما كان النظام السياسي للرئيس الراحل جمال عبد الناصر على طرفي نقيض مع الدول الكبرى الفاعلة في مجلس الأمن ، فقد أثر الرئيس المصري التوقف عن مجابهة السودان في هذه القضية التي خضعت للمؤثرات الدولية التي لا يمكن ان تنفع فيها لا الحقوق التاريخية ولا

(238) أحمد الرشيدي ، الحدود المصرية السودانية ، مجلة السياسة الدولية العدد 111 / 1993 ، ص 207 .

(239) عبد السلام بغدادي ، مصدر سبق ذكره ، ص 117 .

الوثائق الرسمية [240] .

وفي الواقع ، فان بريطانيا التي حاولت ايجاد تكوينات سياسية ، واجتماعية في منطقة الخليج العربي من خلال ترسيم اعتباطي للحدود ، فانها لعبت دوراً في رسم الحدود المصرية - السودانية من خلال اتفاق عام 1899 وفق خطوط العرض ، الذي أكد بان ((السودان هو جميع الأراضي الكائنة جنوب الدرجة الثانية والعشرين من خطوط العرض)) ، مما يعني ان حلايب لم تكن ضمن هذا التقسيم ، إلا انه قد جرت بعد ذلك تعديلات عديدة على هذا الاتفاق الذي لم يكن له من وجهة النظر المصرية أية دلالة قانونية او سياسية إذ ان قيمته لم تتعد مجرد كونه خطأ ادارياً يفصل بين اقليمين يخضعان قانونياً لسلطة سياسية واحدة هي سلطة والي مصر ـ ويدنيان بالولاء لسيادة واحدة هي سلطة الباب العالي وذلك بموجب الفرمان السلطاني الصادر في 27 مايو / ايار / 1866 الذي قضى باندماج السودان مع مصر في ولاية عثمانية [241] .

ومنطقة حلايب التي تبلغ مساحتها أكثر من 18000 كم^2 تشبه المثلث المتساوي الساقين الذي تتماشى قاعدته مع خط طول عرض 22 درجة شمالاً ، ويبلغ طولها نحو 300 كم وطول كل من ضلعيه الشرقي (البحري الاستراتيجي) والغربي الصحراوي نحو 200 كم . هذه المنطقة التي حددت ادارياً قد أدخلت عليها تعديلات حول تحديد حدودها بما يتماشى والرغبة في جمع القبائل التي تعيش على جانبي الحدود ، وخصوصاً قبائل البشارية التي يعيش الجانب الأكبر منها على الجانب السوداني من خط الحدود ، ومجموعة قبائل العبابدة التي يعيش الجزء الأكبر منها داخل الأراضي المصرية . فهذه التعديلات الثلاثة أدخلت على الاتفاق الذي أرسته

---

(240) صلاح العقاد ، الاطار التاريخي لمشكلات الحدود العربية ، مجلة السياسة الدولية ، العدد 111/ 1992 ، ص 173 - 174 .

(241) احمد الرشيدي ، مصدر سبق ذكره ، ص 208 ، وكذلك ينظر عبد السلام بغدادي ، مصدر سبق ذكره ، ص 116 .

بريطانيا بسياسة التوفيق بين مصالح الطرفين حيث التعديل الأول في 26 آذار / مارس 1899 أعاد النظر في خط عام 1899 وعلى حساب الأراضي المصرية ولصالح السودان ولمساحة تبلغ 25 كم والتي اعتبرتها الخرطوم تعديلات سياسية في حين اعتبرتها القاهرة تعديلات ادارية . وجاء التعديل الثاني الذي تضمن الموافقة على اخضاع المنطقة الواقعة في الركن الجنوبي الشرقي لمصر والملاصقة لساحل البحر الأحمر والتي تعرف ايضا بمنطقة مثلث جبل علبه او قطاع حلايب - للادارة السودانية بهدف جمع شمل القبائل التي يعيش الجزء الكبر منها داخل السودان .

أما بصدد التعديل الثالث ، فهو التعديل الذي قامت به مصر بموجب قرار وزير الداخلية المصري في عام 1902 بشأن منطقة صغيرة تقع الى الجنوب من خط عرض 22 درجة شمالاً وتعرف بمثلث جبل بارتازوجا وذلك اعمالاً لمبدأ توجيه القبائل ، حيث ضرورة اخضاعها للادارة المصرية وخصوصاً قبائل عبابدة [242] .

واذا كانت ازمة 1958 قد تفجرت بسبب قيام الادارة السودانية باجراء انتخابات برلمانية ومحلية تشمل أيضاً منطقة حلايب ، فانها خمدت لعدم تناسب الوضع الدولي ، اضافة الى ان اتساعها سوف لن يكون في مصلحة نظام عبد الناصر ذو الاتجاه القومي الذي طغى على الساحة العربية وتياراتها السياسية ، ناهيك عن ان الكثير من الأوراق التي لم تكن في صالح الجاني المصري ومن بينها ورقة التحكيم الذي لا ترى فيه اسلوب الحل ، ورفضت الاستفتاء الذي يحدث في مثل هذه الحالات لتغيير السكان حول الانضمام الى هذه الدولة او تلك لا يصلح لهذه المنطقة ذات المجتمع القبلي من جهة وضآلة الكثافة السكانية من جهة أخرى [243] . ألا ان النقطة الجوهرية التي ألزمت الجانب المصري الصمت حول الأخذ بهذه الأزمة الى نتيجتها النهائية هو الخلاف الحدودي العراقي الكويتي ، حيث وقفت مصر الى جانب الكويت ، وبروز مبدأ قدسية الحدود الموروثة في العلاقات الافريقية وهو المبدأ الذي

---

242 احمد الرشيدي ، مصدر سبق ذكره ، ص 210 .

243 صلاح العقاد ، مصدر سبق ذكره ، ص 174 .

أقرته منظمة الوحدة الأفريقية في ميثاقها وتم إقراره صراحة من جانب مؤتمر رؤساء الدول والحكومات الأفريقية في اجتماعه الأول بالقاهرة في يوليو / تموز عام 1964 [(244)] التي مما الزم مصر ـ بالتقييد بهذه النصوص في عاصمتها ـ لم تأت نتيجة لوثوق السودان ضد السياسة المصرية خلال التمهيد للعدوان على العراق ، حيث سبق وان تحفظت السودان على القرار الذي فرضته مصر ـ ودول مجلس التعاون الخليجي على الجامعة العربية في العاشر من آب 1990 وكانت الخرطوم تفضل الحل العربي للأزمة العراقية - الكويتية . اضافة الى امتعاض النظام السياسي في القاهرة من توجهات الخرطوم الاسلامية ، الأمر الذي جعل التعارض بين النظامين ينتقل فجأة الى مثلث حلايب الخاضع للسيادة السودانية منذ عام 1899 [245] .

فالأزمة الجديدة لم تكن فقط بسبب إعلان السودان عن مناقصة بين شركات البترول للتنقيب في منطقة حلايب التي تعتبرها مصر جزءاً من أراضيها[246] ، وإنما تعد إلى أسباب سياسية وأيدلوجية بين النظامين ، حيث الاتهام المصري لنظام الخرطوم بإيواء معارضين إسلاميين للقاهرة ، ورداً على هذا الإجراء السوداني ، فأن مصر ـ قامت بإرسال وحدات عسكرية وتوطين قبائل مصرية في المنطقة بغية خلق حالة من التوازن السكاني في المثلث فيما إذا تم تدوين الأزمة والتوصل إلى الإستفتاء بين السكان ، حيث إن الخرطوم تؤكد على فكرة التصادم القائمة على مبدأ الحيازة الفعلية وغير المنقطعة لهذا المثلث وعدم اعتراض مصر على السيادة السودانية .

فقد أكدت السودان معتمدة على حجج وأسانيد قانونية تؤكد بأن منطقة

---

244 احمد الرشيدي ، مصدر سبق ذكره ، ص 211 ، وينظر كذلك علي صادق ابو هيف ، القانون الدولي العام ، ميثاق منظمة الوحدة الافريقية ، مصدر سبق ذكره ، ص 1045 .

245 عمر عز الرجال ، جامعة الدول العربية ومنازعات الحدود العربية ، مجلة السياسة الدولية ، العدد 111/ 1992 ، ص204 وكذلك ينظر عبد السلام بغدادي ، مصر سبق ذكره ، ص 117 - 120 .

246 مجدي صبحي ، الحدود والموارد الاقتصادية من الهيدرولوجي إلى الهيدروكربوني .

حلايب جزء لا يتجزأ من السيادة السودانية ، وإنها لم يعد لمصر أي حق بالمطالبة بها، وخاصة وإنها ومنذ اتفاق 19/يناير/ كانون الثاني / 1899 لم تعارض أي أجراء أو تعديل سوداني ذو طبيعة إدارية أو سياسية على المنطقة التي أنفقت عليها ملايين الدولارات من أجل تنميتها الاقتصادية والاجتماعية وتوفير كل الإمكانيات من أجل معيشة قبائلها دون أن تقدم مصر أي جنيه واحد ، إضافة إلى أن مصر ـ اعترفت في عام 1956 بالسودان كدولة مستقلة ذات سيادة ، بدون أن تشير إلى مطالب حدودية. أما حجة الجانب المصري فتتركز على كون أن هذا التخطيط ، والتعديلات التي أدخلت لم يحدث أن أبرمتها اتفاقية دولية لا بين مصرـ ولا بين السودان ولا حتى ضمـن الإدارة الثنائية وبالتالي إن تنازل الدولة في آلفة القانون الدولي لا يكون صحيحاً إلا بموافقة الأطراف المعنية[247]. وبخصوص فكرة التصادم التي حاولت السودان التشبث بها فهي فكرة مرفوضة من وجهة النظر المصرية فقط ، في حين إنها ليست مرفوضة ،وإنما ترجع إلى محكمة العدل الدولية وهو الأمر الذي ترفضه مصر وتطالب بمفاوضات ثنائية بين الدولتين ، حيث إن مشكلة الحدود تختفي في الوقت الذي يمكن فيه تسوية المشاكل السياسية بين النظامين ،وهو ما حصل أكثر من منطقة حيث مبدأ لا ضرر ولا ضرار الـذي أثبت جدواه في تسوية المشاكل بالطرق السلمية .

247 أحمد الرشيدي ، مصدر سابق ذكره ، ص211-212

المبحث الثاني : خلافات الحدود في المغرب العربي

باستثناء قضية الصحراء التي أضحت نهايتها تتوقف على نتيجة الاستفتاء الذي ستجريه الأمم المتحدة ليقرر السكان الموجودين فيها اختيارهم الحر في البقاء ضمن السيادة المغربية ، أو الإعلان عن حق تقرير مصيرهم في دولة مستقلة ، فأن طبيعة النزعات الحدودية والخلافات السياسية قد تبدو مرهونة بحالة العلاقات بين دول المنطقة ، ومدى التقارب بين نظامها السياسي ، وليس لها علاقة ولا بالحقوق التاريخية ، أو المصادر الاستعمارية التي نادراً ما تثار أو يجري نبشها عندما تحدث حالة من التوتر بين هذا النظام السياسي أو ذاك نتيجة للاختلاف في توجهات السياسة الخارجية وهو ما حصل بالفعل بين مصر وليبيا ، وحتى ما بين المغرب والجزائر حيث أن مسيرة العلاقات بين البلدين ومنذ أكثر من أربعة عقود تحكمها الخلافات السياسية والتوجهات الأيديولوجية أكثر مما تحكمها الخلافات الحدودية أو مسألة الصحراء البوليساريو التي جاء إنشاءها نتيجة لهذه الخلافات السياسية بين الرباط والجزائر ، والاصطفاف الدولي خلال الحرب الباردة وما أقرته من تداعيات كبيرة على العالم الثالث الذي تحول إلى ساحة صراع مكشوفة بين المعسكرين .

الخلاف الليبي - المصري

ومن هنا فأن الخلاف السياسي الذي حصل بين النظام السياسي الليبي ونظام السادات في عام 1977 بسبب زيارة السادات للقدس وتوصله إلى "معاهدة سلام " مع إسرائيل ، قد نقلت هذا الخلاف إلى الحدود المصرية - الليبية حيث النزاع الذي برز على منطقة جخبوب في الأراضي الليبية والتي ادعت مصر بأنها أراضي تابعة لسيادتها مما أدى إلى نشوب حرب بين الدولتين ، مما أكد على أن المعطيات السياسية وطبيعة العلاقات بين الأنظمة الحاكمة كانت دائماً السبب الأقوى في تفجر هذه النزاعات والتي لم يكن فيها للبعد الاقتصادي أي دخل . فالحرب التي اندلعت على تماس الحدود المصرية -الليبية لم تكن حرباً حدودية بالمعنى الدقيق

فقد كانت حرباً سياسية بالأساس بسبب الاختلاف الشديد بين نظامي البلدين .
ونتيجة للوساطة التي قامت بها بعض الدول العربية والأمانة العامة للجامعة العربية ،
فقد أشعرت الجهود في إقناع القيادتين بالتوصل إلى وقف إطلاق النار وتبادل للأسرى
وترتيب لقاء مصري - ليبي لبحث خطوات التسوية بين البلدين [248] .

الخلاف الليبي - التونسي

كما ان الاختلافات السياسية بين تونس وطرابلس قد أدت الى اثارة نزاع
حدودي بين الدولتين ، وخصوصاً على منطقة الرصيف القاري بينهما لإحتمالات كبيرة
يوجد النفط ، الى ان ثم تسوية النزاع في ميثاق الأخاء والتعاون [249] . وقد أثيرت هذه
الأزمة بسبب الاضطرابات التي حدثت في مدينة قفصة التونسية . اذ قدمت الحكومة
التونسية الى الأمانة العامة لجامعة الدول العربية طلباً لعقد اجتماع لمجلس الجامعة
للنظر في شكوى تونس ضد ليبيا بسبب أحداث مدينة قفصة التونسية . وفي الوقت
نفسه دعت مذكرة نقلتها أمانة الخارجية الليبية الى الأمين العام للجامعة الى عقد
اجتماع عاجل لمجلس الجامعة للبحث في التدخل الفرنسي في تونس [250] .

وان هذه الأزمة التونسية - الليبية قد أمتدت تأثيراتها الى المحكمة المغربية

---

248 عمر عز الرجال ، جامعة الدول العربية ومنازعات الحدود العربية ، مصدر سبق ذكره ص203 وينظر
أتينا محمد السيد سليم ، دور جامعة الدول العربية في إدارة المنازعات بين الاعضاء في ثروة جامعة
الدول العربية ، الواقع والطموح ، بيروت ، ودراسات الوصف العربي/1983ص174-175

249 مجدي صبحي ، الحدود الموارد الاقتصادية ، مصدر سبق ذكره ، ص 193 .

250 يوميات الوحدة العربية ، مجلة المستقبل العربي ، العدد 15 (5) 1980 ، ص 148 ويقارن مع صحيفة
النهار البيروتية 7 / 2 / 1980 .

التي حاولت التوسط لإنهاء الأزمة بالشكل الذي طرابلس بان انحياز للجانب التونسي مما دفع الجماهيرية الليبية الى الاعتراف بجهة البوليساريو ، الأمر الذي أدى الى توتر العلاقات مع الرباط التي قررت قطع علاقاتها الدبلوماسية مع ليبيا [251].

الخلاف الجزائري المغربي

مثلما خضعت منطقة الخليج العربي الى قوة استعمارية واحدة تمثلت في الهيمنة البريطانية والتي حاولت عبر تلك العقود الطويلة من فرض وجودها السياسي والعسكري ان تطرح ترسيمات مختلفة لحدود الوحدات السياسية التي ساهمت في تكوينها ، فان منطقة شمال افريقيا باستثناء ليبيا قد خضعت لسيطر الاستعمار الفرنسي ، بحيث تولدت لدى شعوب المنطقة شعور قومي متزايد نحو الوحدة المغاربية والزوال وحتى بشكل تدريجي لهذه الحدود بمجرد حصولها على الاستقلال . وقد ترسخ هذا الشعور خلال مقاومة المستعمر الى درجة ان حزب وطني جزائري حمل اسم ((نجمة شمال افريقيا)) كان ينظر الى تحرير الجزائر في اطار دولة شمال افريقيا موحدة . حيث ان موجات الاستقلال التي اندلعت في المغرب وتونس شجعت الشعب الجزائري ليعلن ثورته ضد الاستعمار الفرنسي ، فتحول المغرب وتونس الى قواعد خلفية بحيث التحرري الوطني وفي المناطق الحدودية التي قدمت الى الثوار الجزائري كل انواع الدعم والمساعدة [252] .

ولكن الاختلافات السياسية التي ظهرت بين أمة ما بعد الاستقلال لعبت دوراً في اجهاض الحماس الوحدوي الذي أختلج في نفوس ووجدان الشعب المغاربي لينقسم الى دول متعددة ومتنافسة ومتصارعة في الوقت الذي قامت بتطبيع

---

251 يوميات الوحدة العربية ، مجلة المستقبل العربي ، العدد 17 (7) 1980 ، ص 154 ويقارن مع صحيفة اخبار اليوم القاهرية في عددها الصادر 19 نيسان 1980 .

252 الهواري عدي ، عود على بدء بين الجزائر والمغرب ، الأخوة المستحيلة ، صحيفة اللوموند دبلوماتيك ترجمة صحيفة النهار البيروتية ديسمبر / كانون الأول 1999 ، ص 3 .

علاقاتها وتعزيزها في كافة المجالات مع المستعمر الفرنسي. لقد تحطمت هذه الأحلام الوحدوية اما تصاعد الخلافات الحدودية . اذ ساد الاعتقاد لدى بعض القوى المغربية الرسمية والحزبية بأن فرنسا اقتطعت الجزء الشرقي من أرض المغرب [253] ، مما جعل بعض الأحزاب المغربية تطالب بجزء من الجزائر يصل حتى مستغانم في الشمال وبيشار في الجنوب وذلك باسم ((المغرب الكبير)) الذي يضم موريتانيا أيضاً ، مما غذى نزعة الحدود الموروثة عن الاستعمار وتجاهلت كل أواصر الأخوة والقربى التي تربط شعوب المنطقة [254] .

وهكذا ، فان تأزم العلاقات بين النظامين حيث الاستقطاب الدولي ما بين الشرق والغرب قد الى اشتعال ((حرب الرمال)) في اكتوبر / تشرين الأول 1963 ، حيث لم تجد المغرب وخصوصاً النظام السياسي الملكي من خيار في مواجهة الأوضاع الداخلية المتأزمة نتيجة للتأثيرات التي أشعلتها حرب التحرير الجزائرية ، والموجة الاشتراكية بأحزابها اليسار الى إشعال حرب على حدود موروثة من السيطرة الاستعمارية . فقامت في مرحلة أولى بإشكالية بأراضي جزائرية لتندلع الحرب القصيرة التي خرجت منها بدون ان تحصل على أي شئ ، ثم استولت على الصحراء الغربية التي انسحبت منها اسبانيا في تشرين الثاني 1975 .

ومما تؤكده بعض المصادر من ان خلاف الحدود بين الجزائر والمغرب قد نشأ من الحقبة حيث ان فرنسا كانت تسيطر على الدولتين ولكنها كانت تعتبر الجزائر جزءاً من الأراضي الفرنسة بينما كان المغرب محمية بموجب معاهدة محددة التاريخ . انتهت في استقلال المغرب عام 1956 لذا عمدت الادارة الفرنسية الى توسيع حدود الجزائر فيما وراء الخط الذي كان يفصل بين الدولتين مسافة 150 كم من ساحل

---

253 صلاح العقاد ، الاطار التاريخي لمشكلات الحدود العربية ، مصدر سبق ذكره ، ص 174 .

254 Les Frontieres Maro cuines et la legitimite des droits du Maroc sur le sahara Roxaume de Maroc , Ministere

d'Etat charge des , Affaires Etranderes , Division press et Information , p. 3 .

البحر المتوسط . اما فيما جنوب هذه المنطقة فلم تكن قد خططت بعد ومن ثم توسعت فرنسا في اقليم الصحراء التابع للجزائر حتى أوصلته الى الصحراء الأسبانية [255] .

وكان من وجهة النظر المغربية انه في حالة حصول الجزائر على استقلالها ان يعاد النظر في الحدود بحيث يسترد المغرب ما اقتطع منه في الاقليم الصحراوي الواقع جنوبه ، وهو اقليم غني بمناجم الحديد ، حيث من المتوقع ان تكون الشركات الأمريكية والفرنسية هي التي دفعت المغرب الى اشعال هذه الحرب ضد الجزائر [256] . وقد حاولت جامعة الدول العربية التعامل في هذه الأزمة المغربية - الجزائرية وذلك من خلال الدعوة الى عقد مجلس الجامعة لإجتماع غير عادي بناءاً على دعوة الأمين العام في 19/ اكتوبر 1963 واصدر المجلس قرارات يدعو الدولتين الى سحب قواتها المسلحة الى مراكزها السابقة لبدء الاشتباكات المسلح مع تكوين لجنة وساطة عربية لاتخاذ ما يقتضيه حزم النزاع بالطرق السلمية ، إلا ان المغرب اعترض على هذا القرار مما أدى الى فشل المبادرة المغربية وانتقال ساحة النزاع الى نقطة الوحدة الأفريقية ، التي ذكرت الدولتان بالنظرية السائدة لدى المنظمة والقاضية بعدم المساس بالحدود التي خططت في العهد الاستعماري [257] .

وعلى الرغم ان الاتصال المباشر الذي تم بين الرئيس احمد بن بيلاد والملك المغربي الراحل الحسن الثاني في مؤتمر القمة العربي الأول في كانون الثاني / يناير 1964 قد أقضى الى ابرام اتفاق بين الدولتين بشأن تدابير انهاء القتال [258] ، إلا انه لم يتم تسوية الخلافات الحدودية إلا في حزيران 1992 على أثر المقابلة التي حصلت بين

---

255 صلاح العقاد ، الاطار التاريخي مشكلات الحدود العربية ، مصدر سبق ذكره ، ص 174 .

256 المصدر نفسه ص 175 ، وينظر كذلك مراد ابراهيم الدسوقي ، البعد العسكري .

257 عمر عز الرجال ، مصدر سبق ذكره ، ص 203 . ان المغرب لم يكن مرتاحاً من سلوك منظمة الوحدة الافريقية وكان قد تحفظ على هذا المبدء الذي نص عليه في الميثاق .

258 عمر عز الرجال ، مصدر سبق ذكره ، ص 203 .

الملك الحسن الثاني ومحمد بوضياف الذي اغتيل بعد وقت من ليل عند عودته من الرباط حيث أجرى محادثات مع الملك حول ايجاد حل لمسألة الصحراء الغربية وهو الأمر الذي زعزع ثوابت السياسة الجزائرية التي رعتها المؤسسة العسكرية ومنذ الاستقلال ، وهي السياسة المرتكزة على معاداة النظام الملكي المغربي الذي يعتبر من وجهة نظرها العقبة في وحدة الأمة المغاربية [259] . او ان التعبير المنافس القوي للزعامة الجزائرية على المستوى الاقليمي والقاري ، والدولي وهو ظهر واضحاً في كل مسار العلاقات بين الدولتين اذ ان تأزم العلاقات بين البلدين والذي يرجع في سببه الجوهري الى المنافسة الحادة حول الزعامة الاقليمية ، ينتقل دائماً الى خط الحدود حيث ملف منطقتي تندوف وحاسي الرمل دائماً موضوع يربط بين العاصمتين ، تبدأ المسائل الخلافية حول الحدود تأخذ مجراها الى وسائل الاعلام أولاً ، ومـن ثـم الى سـيل مـن التصـريحات الرسمية التي تحاول نبش الماضي الاستعماري .

اذ أد العاهل المغربي الراحل في كتابه ذاكرة ملك ((... لقد جاءنا السيد بارودي Paroudi موفداً من قبل الجنرال دونمول وصر قائلاً : ((نحن على وشك تسوية سلمية مع الجزائر ، ونعتقد انه من المناسب ان يتباحث المغرب وفرنسا في مشكل حدودها)) . فكان جواب والعربي (محمد الخامس) انه غير وارد ان أتفاوض في هذه الظروف . قان ذلك سيكون مني طعناً من الخلف للجزائر المكافحة . اننا سنسوي قضايانا فيما بعد [260] .

وقد اعترفت المغرب بالحكومة الجزائرية المؤقتة عام 1958 ، الأمر الـذي سـهل من دخول الطرفين في مفاوضات أفضت الى توقيع بيان لم يتم نشره من طرف الحكومة المغربية إلا في الثاني من ايلول / 1963 جاء فيه ما يلي : ((... تأكيد حكومة المغرب مساندتها اللامشروطة لشعب الجزائر في كفاحه من أجل الاستقلال ووحدته

---

259 الهواري عدي ، مصدر سبق ذكره ، ص 3 ، ص 4 هامش 4 .

260 الحيان بوقنطار ، السياسة العربية للمملكة المغربية ، مركز الدراسات العربي - الأوربي ، باريس ، بحوث استراتيجية (4) ط 1997 ، ص 116 .

الوطنية ، ودعمها بـدون تحفظ للحكومـة المؤقتـة الجزائريـة في مفاوضاتها مع فرنسا على اساس احترام وحدة التراب الجزائري ومعارضتها لكل المحاولات الرامية الى تقسيم او تفويت التـراب الجزائري . وبالمقابل تعـترف الحكومة المؤقتة للجمهورية الجزائرية بأن المشكل التـرابي الناشـئ عـن تخطيط الحـدود المفروض تعسفاً فيما بـين الجزائر المستقلة . ولهذا الغرض تقرر انشاء لجنة جزائرية مغربية لدراسة المشكل وحله ضمن روح الأخاء والوحدة الترابية . ومن ثم فان الحكومة المؤقتة للجمهورية الجزائرية تؤكد ان الاتفاقيات التي يمكن ان تنتج عن المفاوضات الفرنسية الجزائرية لا يمكن ان تنطبق على المغرب فيما يخص تخطيطي الحدود بين الترابين الجزائري والمغربي [261] .

وفي الواقع ، ان المتتبع للخلاف الحدودي الجزائري - المغربي في جوهره السياسي يلاحـظ بـأن منطقـة الطرفين المتعارضين منـذ لحظـة الاستقلال وحتـى الآن يستند الى الاتفاقية اللامغنية المعلنة 1845 بين المغرب وفرنسا التي كانت تمثل السلطة الاستعمارية في الجزائر ، وهي نفس المعاهدة التي يستند اليها الطرفان في تقديم حججهما التاريخية ولكن لكل طرف تأويله الخاص [262] . ورغم ذلك ، إلا ان الـدولتين لم تحاولا تصعيد هذا الخلاف الى درجة الحرب لولا اتهام الجزائر للمغرب بأنها كانت وراء المحاولة الانقلابيـة التي جرت عام 1963 ضد احمد بن بيلا . اذ سبق وان قام العاهـل المغربي بزيـارة الى الجزائر مـن 13 - 15 آذار 1963 إلا انهـا لم تـؤد الى التفاوض عـلى الخلاف الحـدودي الموروث عن الاستعمار . وان حرب الرحال لم تكن في جوهرها غيـر ((حـرب الزعامة)) التي هدأت من خلال الوساطة العربية والافريقية من طرف أثيوبيا ومالي وأسفرت عـن انعقاد قمن باماكو التي ضمت العاهـل المغربي والرئيس الجزائري والمالي والامبراطور هيلاسيلاسي وأسفرت عن

---

261 المصدر نفسه ، ص 116 - 117 وينظر كذلك علي الشامي ، الصحراء المغربية عقده التجزئة في المغرب العربي ، دار الكلمة ، بيروت ، 1980 ص 2121 - 222 .

262Les frontieres Maro Cuine , op. Cit , p. 3 , 10 .

اتفاق يقضي بوقف اطلاق النار وتسوية الخلاف عن طريق المفاوضات [263] .

ورغم ان البلدين قد إجتازا مرحلة من الهدوء ، فان لقاء 27 / ايار /1970 الـذي جمع العاهل المغربي الحسن الثاني والرئيس هواري بومدين فقد تبنى البيان الصادر عـن هذا اللقاء نفس المبادئ القاضية بانهاء النزاع حول الحدود . تطبيقاً للمادة السادسة مـن معاهدة ارنوان المؤقتة في 15 كانون الثاني / 1969 . فقد تم انشاء لجنة مختلطة مهمتها وضع شريط للحدود بين البلدين ، وفي نفس الوقت وضع دستور لاستقلال مشترك لمناجم الحديد بغارة جبيلات الواقع داخل المناطق المتنازع عليها بواسـطة شركـة مختلطـة [264] .

وبهذه الاتفاقية التي بقيت حبراً عـلى ورق طويت مشكـلة الحدود ووضعت في ادارج مكاتب وزارة الخارجية ، حيـث اشـتعلت مشـكلة الصـحراء التـي انشـغلت بهـا المغـرب وأضحت خياراً استراتيجياً لا يمكن خسارته .

---

263 بطرس بطرس غازي ، الجامعة العربية وتسوية المنازعـات المحليـة ، معهـد البحوث والدراسات العـربي 1977 / ص 144 - 145 .

264 الحسان بوقنطار ، مصدر سبق ذكره ، ص 120 .

الخاتمة

من الطبيعي ، فان معضلة الحدود التي تعيشها الأمة العربية بوحدتها السياسية والتي أثرت بشكل كبير على تماسك ووحدة الموقف العربي لا يمكن حلها بالاستناد الى الوثائق الاستعمارية التي كانت هي نفسها وما زالت سبباً في تفجر هذه النزاعات وتعقد اشكاليتها ، وانما بالاستناد الى الأخوة العربية والاسلامية وعلى وفق مبدأ لا ضرر ولا ضرار ، حيث الانموذج الذي قدمته الدولتان اليمنية وسلطنة عُمان يمكن ان يشكل المثال الواقعي لحسن النوايا في التوصل الى تسوية سلمية مبنية على التعاون والمصالح المشتركة وبدون تدخل القوى الخارجية التي لا تسعى إلا الى افتعال وتجسيم هذه النزاعات والخلافات الحدودية بالشكل الذي يحول المنطقة الى بؤرة توتر دائمة خدمة لمصالحها ، وخياراتها الاستراتيجية التي ما فتئت تطرح السيناريوهات التي من خلالها تثير هواجس القلق والخوف لدى الأنظمة السياسية وخصوصاً ذات الطبيعة السلطوية التي تفتقد الى أي تأييد شعبي وشرعية دستورية في ممارسة سلطتها الأمر الذي يدفعها ، وكشئ طبيعي من خلال سياستها الواضحة ، الى رهن أمنها الوطني بنظريات أمن القوى العظمى ومخططاتها الاستراتيجية التي تجعل من حدودها السياسية أوراقاً جاهزة للتدخل وفرض تصوراتها ، وحلولها لمشاكل وأزمات تفتعلها في اللحظة التي ترى فيها ان مصالحها الحيوية تقتضي ذلك .

ولذلك فإن الحصول على الحقوق القانونية المشروعة لكل طرف، وإنهاء الأوضاع الشاذة التي تعكر العلاقات الأخوية لا يمكن حلها إلا عن طريق الحوار القومي البناء، والطرق السلمية التي تحفظ أمن الأنظمة وكرامة الإنسان العربي، وتسد كل منافذ التدخل الخارجية. والدروس الماضية كفيلة بأن تضع كل الأنظمة العربية أمام مسؤوليتها القومية والتاريخية لحل هذه الإشكالية وبالطرق السلمية.

ملاحق الخرائط

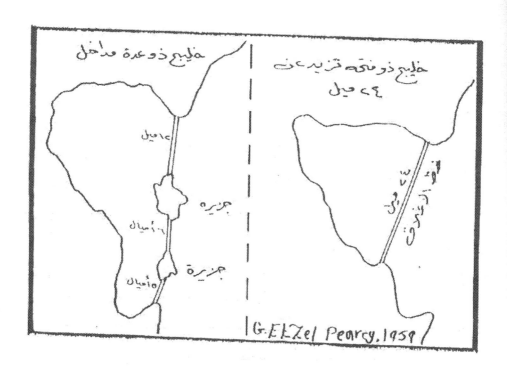

خليج ذو فتحة تزيد عن
٢٤ ميل

خليج ذو فتحة داخل

نقط ٢٤ ميل

جزيرة

٢٤ميل

جزيرة

١٠ميل

G. EtZel Pearcy, 1959

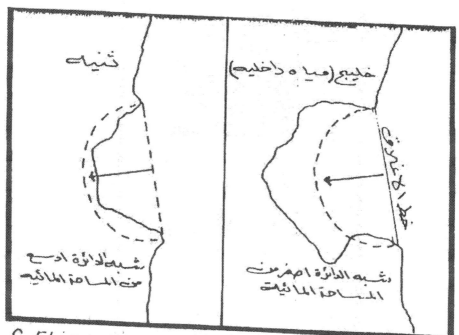

خليج (مياه داخلية)

ثنية

شبه الدائرة اصغر من
المساحة الملائمة

شبه الدائرة اوسع
من المساحة الملائمة

G. EtZel Pearcy, 1959

ان السواحل المتعرجه او التي تنتهي بالجزر قد تستعمل خط الاساس المستقيم الذي فيه تقاس المياة الاقليمية اما الخط المتعرج فانه يعتبر مخالفة .

G. Etzel Pearcy 1959.

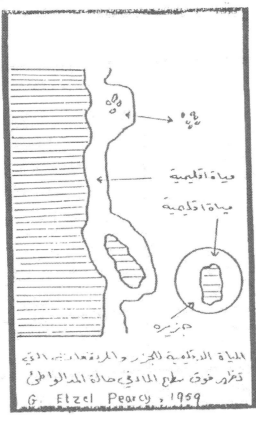

جزيرة

مياة اقليمية

مياة اقليمية

المياه الاقليمية للجزر والمرتفعات التي تظهر فوق سطح الماء حالة المد الواطئ

G. Etzel Pearcy , 1959

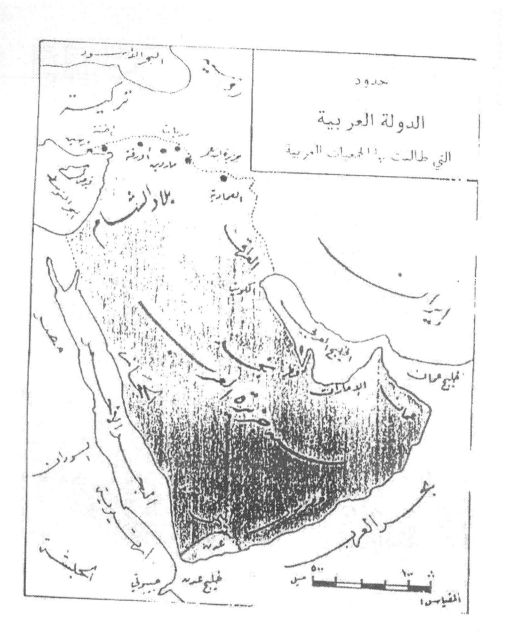

حدود

الدولة العربية

التي طالبت بها الجمعيات العربية

الجمهورية العراقية

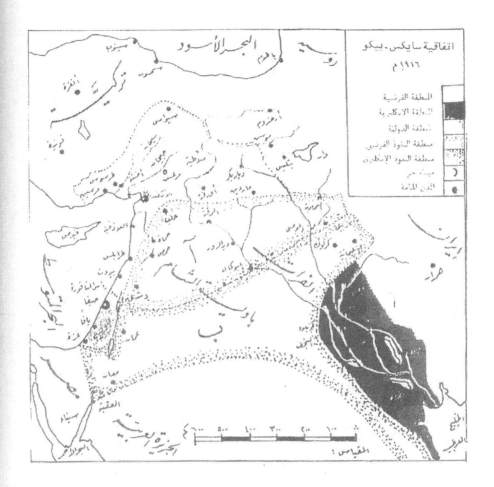

السودان

القبائل في جزيرة العرب
٦٣٢ م = ١١ هـ
٦٥٨ م = ٣٨ هـ
٧٤٥ = ١٢٨ هـ

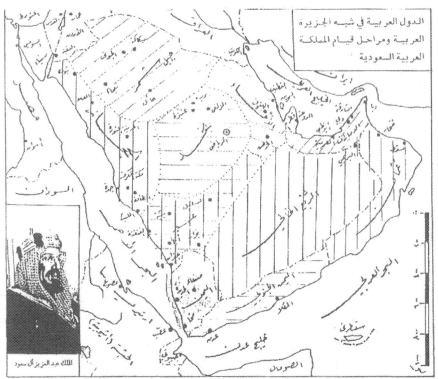

الدول العربية في شبه الجزيرة العربية ومراحل قيام المملكة العربية السعودية

الملك عبد العزيز آل سعود

١ـ نجد: ١٣١٩ـ١٣٢٦ هـ، ٢ـ الأحساء: ١٣٣١ هـ / ١٩١٣ م، ٣ـ جبل شمر: ١٣٤٠ هـ/١٩٢١ م، ٤ـ عسير ١٣٤١ هـ/١٩٢٢ م، ٥ـ الحجاز والربع الخالي: ١٣٤٢ـ١٣٤٤ هـ، ١٩٢٤ـ١٩٢٥ م

خط الحدود العمانية ـ اليمنية المتفق عليه كما هو وارد
في خريطة حديثة اصدرتها مصلحة المساحة العمانية

★ المصدر : الحياة ٢٢ / ١٢ / ١٩٩٢

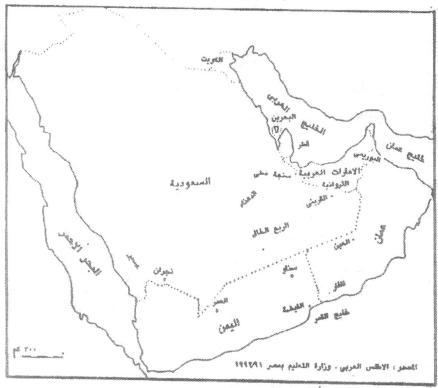

المصدر: الأطلس العربي، وزارة التعليم بمصر ١٩٩٢

* هذه الخريطة لا تحتوي على التعديلات التي أجرتها الخلافات الحدود التالية: السعودية - الامارات
(١٩٧٤)، السعودية - عمان (١٩٩٠)، عمان - اليمن (١٩٩٢)

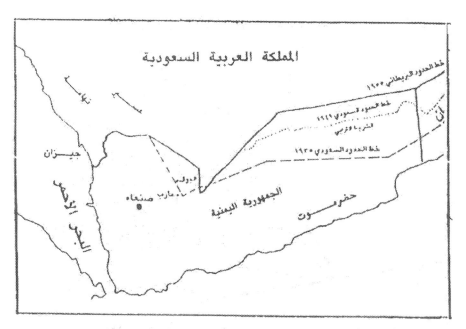

المصدر : شؤون الشرق الأوسط ـ العدد ١٢ ـ سبتمبر / اكتوبر ١٩٩٢ .

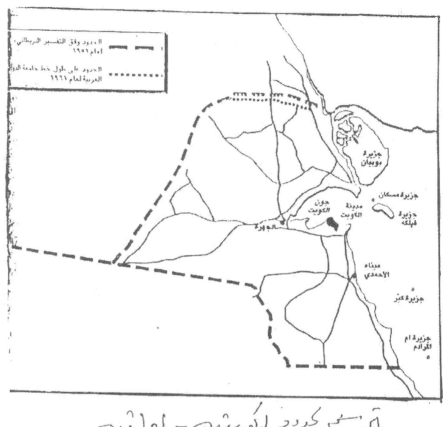

تقسيم حدود الكويت - العراق

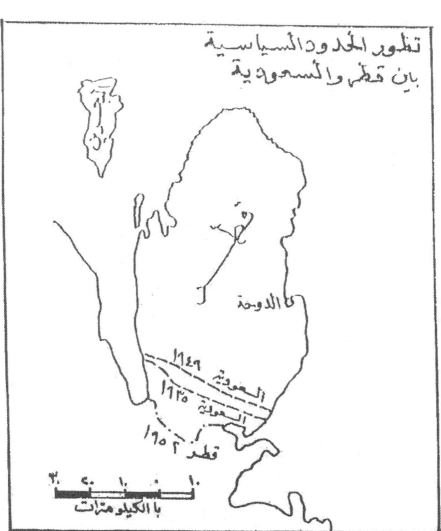

تطور الحدود السياسية بين قطر والسعودية

المصدر :- الدكتور محمد مرشد - حوض الخليج العربي - الجزء الثاني صـ٥٦٦

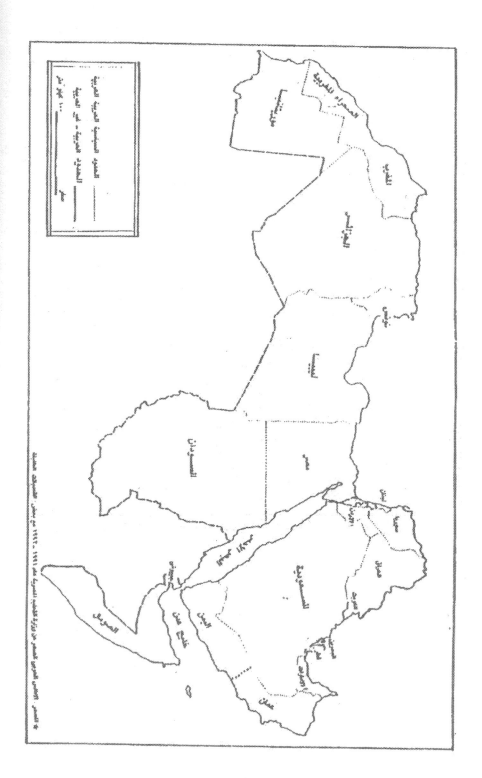

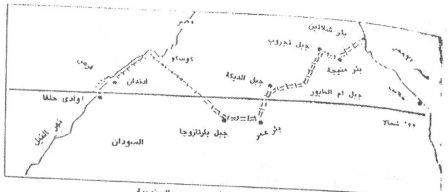

خريطة توضيحية لحدود مصر الجنوبية

——————— الحدود السياسية (خط عرض ٢٢° شمالا) –١٨٠٠

=:=:=:=:= الحدود الإدارية – ١٩٠٢

٥٥٥٥٥ الحدود المعدلة عام ١٨٩٩ في منطقة لسان وادي حلفا

—.—ا—.—ا— مثلث كورستو الذي أعيد الى مصر في عام ١٩٠٧

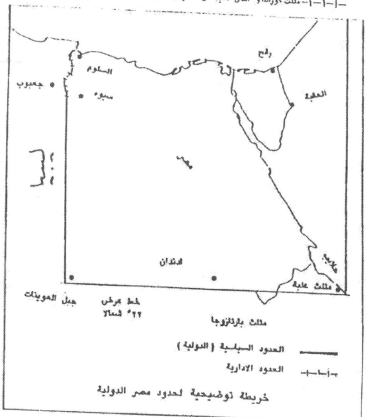

——————— الحدود السياسية (الدولية)

—.—ا—.—ا— الحدود الإدارية

خريطة توضيحية لحدود مصر الدولية

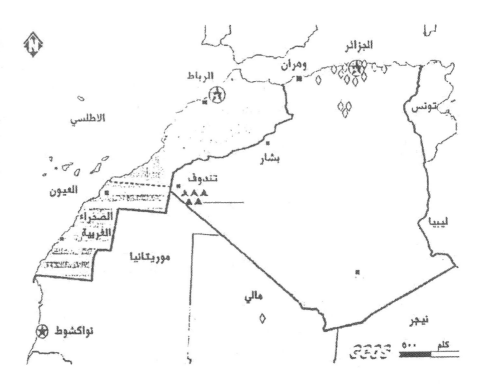

مراجع البحث

أ-الكتب العربية :

١ - أحمد مصطفى أبو حاكمة : تاريخ شرقي الجزيرة العربية ، ترجمة أمين عبد الله ، منشورات دار الحياة، بيروت، ١٩٦٥ .

٢- أحمد العناني : المعالم الأساسية لتاريخ الخليج ، وبحوث أخرى،مؤسسة الشروق ، دولة قطر ، 1984 .

٣- أحمد مصطفى أبو حاكمة : تاريخ الكويت الحديث ١٧٥٠ - ١٩٦٥ ، دار السلاسل ، الكويت ١٩٤٨ .

٤- الشافعي محمد بشير : القانون الدولي العام في السلم والحرب ، منشأة المعارف ، الإسكندرية 1971 .

٥- أميل نخلة : امريكا والسعودية : الأبعاد الاقتصادية والسياسية والاستراتيجية، دار الكلمة للنشر ، بيروت 1980 .

٦- السيد أحمد حسن دحلان : دراسة في السياسة الداخلية للمملكة العربية السعودية ، دار الشروق ، جدة ، 1981 .

٧- أمين محمود عبد الله : أصول الجغرافية السياسية ، القاهرة ، 1977 .

٨- بدر الدين عباس الخصوصي : معركة الجهراء ، ذات السلاسل ، الكويت ، بدون تاريخ .

٩- عبد الرزاق عباس : الجغرافية السياسية والمفاهيم الجيوبولتيكية ، مطبعة أسعد ، 1976 .

10- جابر ابراهيم الراوي : مشكلات الحدود العراقية - الايرانية ، دائرة الشؤون الثقافيه ، بغداد ، 1989.

11- جمال زكريا قاسم : الخليجي العربي 1914 ، دراسة لتاريخ الإمارات ، القاهرة ، دار الفكر العربي ، 1973 .

١٢- جمال زهران : امن الخليج ومحددات وأنماط تأثير العامل الدولي ، قضايا خليجية ، المركز العربي للدراسات الاستراتيجية ، دمشق ، العدد الأول1998

١٣- جي . بي . كيلي : الحدود الشرقية لشبه الجزيرة العربية ، ترجمة خيري حمادن منشورات دار المكتبة الحياة ، بيروت 1971 .

١٤- حكمت سليمان : نفط العراق ، دار الحرية للطباعة ، بغداد ، 1979 .

١٥- حسن سليمان محمود : الكويت ماضيها وحاضرها ، المكتبة الأهلية ، بغداد ، 1968 .

١٦- الحسان بو قنطار ، السياسة العربيه للمملكه المغربيه ، مركز الدراسات العربي -الاوربي ، باريس ١٩٩٧.

١٧- حقيقة العدوان العراقي على الكويت " مجموعة كتاب " ، اصدار مركز البحوث والدراسات الكويتية ط 2 / 1994 .

18- حسن سليمان محمود : الكويت ماضيها وحاضرها ، المكتبة الأهلية ، بغداد ، 1968 .

١٩- حسين ندا حسين ،الاهمية الستراتيجية والنظام القانوني للطريق الملاحي البحري في الخليج العربي ، بغداد ، الرشيد ،١٩٨٠/.

٢٠- خالد العزي : الخليج العربي في ماضيه وحاضره ، مطبعة الجاحظ ، بغداد ، 1972 .

٢١- راشد طبارة : الانتداب وروح السياسة الانكليزية ، مطبعة طبارة ، بيروت 1925 .

٢٢- سهيل الفتلاوي : المنازعات الدولية ، مطبعة القادسية ، بغداد 1985 .

٢٣- سيد نوفل : الأوضاع السياسية لإمارات الخليج العربي وجنوب الجزيرة ، القاهرة ،1996 .

٢٤- سالم مشكور : نزاعات الحدود في الخليج ، مركز الدراسات الاستراتيجية

والبحوث والتوثيق ، بيروت ، 1993 .

25- شاهر الرواشدة : دول مجلس التعاون الخليجي في الميزان ، دار الابداع ، عمـان الأردن ، 1991 .

26- صلاح الدين علي الشامي : دراسات في الجغرافية السياسية ، منشأة المعارف الإسكندرية / 1970 .

27- صبري فارس الهيثي : الخليج العربي ، دراسة في الجغرافية السياسية ، دار الرشيد للنشر ، بغداد ، 1987 .

28- صلاح سالم زرتوقة : أنماط الاستيلاء على السلطة في الـدول العربية ، مكتبة مدبولي ، القاهرة ، 1992 .

29- صباح محمود نافع القصاب وعبد الجليـل عبـد الله ، الجغرافيـة السياسية ، دار الكتب للطباعة والنشر بغداد ، بدون تاريخ .

30- طالب محمد رحيم : التنافس البريطاني الأمريكي على نفط الخليـج العربي ، دار الرشيد ، بغداد ، 1982 .

31- علي صادق أبو هيف : القانون الدولي العام ، دار المعارف بالإسكندرية ط 8/ 1966 .

32- عبد الرزاق عباس : الجغرافية السياسية والمفاهيم الجيوبولتيكية ، مطبعة أسعد ، 1976 .

33- عبد العزيز محمد المنصور : التطور السياسي لقطر (1916 – 1949) ، منشورات ذات السلاسل ، الكويت 1979 .

34- عبد الجليل زيد مرهون : أمن الخليج بعد الحرب البـاردة ، بيروت دار النهار للنشر ، 1997 .

35- عبد الله فؤاد ربيعي : قضايا الحـدود السياسية للسعودية والكويت مـا بـين الحربين العالميتين 1919 – 1939 ، مكتبة المدبولي ، 1990 .

36- عبد الرحمن النعيمي : الصراع على الخليج ، بيروت المركز العربي الجديد

للطباعة ، 1992 .

37- عصام الطاهر : الكويت .... الحقيقة ، دار الشروق ، عمان الأردن 1996 .

38- غريغوري بوندرايفسكي : الخليج العربي بين الامبرياليين والطامعين على الزعامة ، دار التقدم ، موسكو 1981 .

39- فيليب رفلة ، عز الدين فريد : جغرافية العالم السياسية ، المكتبة المصرية ، القاهرة ،1982 .

40- فؤاد عبد السلام الفارس : قضايا سياسية معاصرة ، مؤسسة تهامة ، جدة ، السعودية 1982 .

41- فائق حمد طهيوب : تاريخ البحرين السياسي 1783 – 1870 ، منشورات ذات السلاسل ، الكويت 1983 .

42- فاطمة يوسف العلي : عبد الله السالم ، رجل عاش ولم يمت ، مطبعة الكويت ، بدون تاريخ .

43- قدري قلعجي : الخليج العربي ، دار الكاتب العربي ، بيروت ، 1965 .

44- محمد السعيد غلاب : الجغرافية السياسية ، مكتبة الأنجلو المصرية منشأة المعرف الاسكندرية ، 1970.

45- محمد محمود ابراهيم الذيب ، الجغرافية السياسية ، أسس وتطبيقات ، القاهرة ، 1973 .

46- محمد عبد الغني سعودي ، الجغرافية والمشكلات الدولية ، القاهرة ، 1977 .

47- محمد عبد الغني سعودي : الجغرافيا والمشكلات الدولية ، دار النهضة بيروت ، 1971 .

48- محمد محمود ابراهيم الذيب : الجغرافية السياسية أسس وتطبيقات ، المكتبة المصرية ، القاهرة ، 1987 .

49- محمد مرسي الحريري : دراسات في الجغرافية السياسية ، دار المعرفة الإسكندرية ، 1990 .

50- محمد حافظ غانم : مبادئ القانون الدولي العام ، ط 3 ، مطبعة النهضة ، القاهرة 1963 .

51- محمود طه أبو العلا : جغرافية شبه جزيرة العرب ، ط1 ، مؤسسة العربي ، القاهرة ، 1972 .

52- محمد رشيد الفيل : الأهمية الاستراتيجية للخليج العربي ، جامعة الكويت ، مطبعة يوسف وفيليب ، بيروت ، بدون تاريخ .

53- محمد متولي : حوض الخليج العربي ، القاهرة ، مكتبة الأنجلو المصرية ، 1975 .

54- محمد حسن العيدروس : التطورات السياسية في دولة الامارات العربية المتحدة ، دار السلاسل ، الكويت ، 1979 .

55- محمد بهجت سنان : أبو ظبي واتحاد الامارات العربية ، ومشكلة البريمي ، دار البصري ، بغداد 1969 .

56- محمد جاسم النداوي : الخليج العربي في الاستراتيجية البريطانية منذ الحرب العالمية الثانية ، مجلة الخليج العربي ، مركز دراسات الخليج العربي ، جامعة البصرة

57- محمد السعيد أدريس : النظام الاقليمي للخليج العربي ، مركز دراسات الوحدة العربية ، سلسلة اطروحات الدكتوراه (34) ، بيروت فبراير 2000 .

58- محمد السيد سليم ، دور جامعة الدول العربية في ادارة النزاعات بين الاعضاء في ندوة جامعة الدول العربيه الواقع والطموح ،مركز دراسات الوحدة العربية ،بيروت/1983.

59- لويس معلوف : المنجد في قاموس اللغة والآداب والعلوم ، ط 5 ، 1972 .

60- نافع القصاب : محاضرات في الجغرافية السياسية والجيوبولتيك ، مطبعة الدوري ، بغداد ، 1973 .

61- ناجي أبي عاد ، ميشيل جرنيون : النزاع وعدم الاستقرار في الشرق الوسط ، الناس ، النفط ، التهديدات الأمنية ، ترجمة محمد نجار الدار الأهلية للنشر

عمان، 1999 .

٦٢- ناظم عبد الواحد الجاسور : المشـروع النهضوي العراقي وثوابت السياسـة الأمريكية في الشرق الأوسط ، دار الشؤون الثقافية ، بغداد 1994 .

٦٣- هادي أحمد مخلف : الجغرافية السياسية ، دار أقرأ ، اليمن ، 1993 .

64- وليد الاعظمي : الكويت في الوثائق البريطانية ،لندن ،رياض الرميحي للنشر،1991.

٦٥- يسـرى الجوهري : الجغرافية السياسـية والمشكلات العلمية ، مؤسسة شباب الجامعة ، الإسكندرية ، 1993 .

66- يوسف محمد عبيدات : المؤسسات السياسية في دولة قطر ، بيروت 1979 .

67- يعقوب عبد العزيز الرشيد : تاريخ الكويت ، منشورات مكتبة الحياة ، بيروت ، 1978 .

ب-الدراسات في الدوريات العربية :

١- ابراهيم محمد العناني ، النظام القانوني لقاع البـحر في وراء حدود الولاية الاقليمية ، المجلة المصرية للقانون الدولي المجلة ٢٩ ، 1973 .

2- احمد ابراهيم محمود : محددات وأهداف السلوك العراقي ، مجلة السياسة الدولية ، العدد 103 يناير 1991 .

3- أحمد سعيد نوفل : أرضية الصراع في الخليج العربي ، مجلـة المسـتقبل العربي ، العدد 150 (8) 1991 .

4- أسامة عبد الرحمن : مجلـس التعاون الخليجي ، توجه نحـو الاندمـاج ، او نحـو الانفراط ، مجلة المستقبل العربي ن العدد 218 (4) 1997 .

٥- احمد الرشيدي ،الحـدود المصرية - السودانية ، مجلة السياسه الدولية العـدد ١٩٩٣/١١١.

6- جميل مطر ، علي الدين هلال : النظام الاقليمي العربـي ، دراسة في العلاقات

السياسية العربية ، مركز دراسات الوحدة العربية ط5 / 1986 .

7- جودت بهجت وحسن جوهر : عوامـل السـلام والاسـتقرار في منطقة الخليج العربي في التسعينات ، ارهاصات الداخل وضغوطات الخارج ،مجلـة المسـتقبل العربي العدد 111 (9) 1996 .

8- حسن أبو طالب : حالة الحدود اليمنيه مـع عُمـان والسعودية ، مجلة السياسـة الدولية العدد 1993،111.

9- خلدون نويهض : تكوين الحدود العربية ، لماذا والى أين ؟ ،مجلـة المسـتقبل العربي ، العدد (9) 1994 .

10- خالد السرجاني : ترسيم الحدود العراقية – الكويتية بعد أزمة الخليج الثانية ، السياسة الدولية ، العدد 111 / 1993 .

11- سوسن حسن : صراعات الحدود في أمريكا اللاتينية ، مجلة السياسـة الدوليـة ، القاهرة ، العدد (67) / 1982 .

12- سمير أمين : بعد حرب الخليج الهيمنة الأمريكية الى أين ، مجلة المستقبل العربي ، العدد 170 (4) 1993 .

13- شفيق ناظم الغبرا : الكويت والعراق : قضية الحدود ، مجلة شـؤون اجتماعيـة العدد 56 ، جمعية الاجتماعيين ، الشارقة ، شتاء 1997 .

14- صلاح العقاد : الاطار التاريخي لمشكلات الحدود العربية ، مجلة السياسـة الدولية ، العدد (111) / 1993 .

١٥- عبد المعطي أحمد عمران : الحدود السياسية الدولية ، مجلة الدبلوماسي الرياض ، العدد الثامن 1987 .

16- عبد الخالق عبد الله : العلاقات العربية –الخليجية ، مجلـة المستقبل العربـي ، العدد 205 (3) 1996 .

17- عبد الجليل مرهون : نزاعات الحـدود في شـبه الجزيرة العربيـة ، مجلـة شـؤون الأوسط ، العدد 12 أكتوبر" التمور" 1992 .

18- علي الدين هلال : مجلس التعاون الخليجي : متى يصل الى مرحلة التكامل ، مجلة العربي الكويتية العدد 473 ابريل " الطير " 1998 .

19- عمر عز الرجال : جامعة الدول العربية ومنازعات الحدود ، مجلة السياسة الدولية العدد ، 111 / 1993 .

20- عبد الله مشعل : قضية الحدود في الخليج العربي ، مركز الدراسات السياسية والاستراتيجية ، القاهرة ، 1987 .

21- عبد السلام بغدادي ،حلايب رؤية قومية لدراسة الحدود بين مصر والسودان ، مجلة شؤون السياسة ، بغداد العدد /١٩٩٥.

22- عطا محمد زهرة : الخلافات العربية مداخل الى حل ، مجلة المستقبل العربي ، بيروت ، العدد 225 (11) 1997 .

23- فيليبس بينس و مايكل مشبك : ما وراء العاصفة قرأة في ازمة الخليج ، من مجلة شرق الأوسط ، العدد ، 12 سبتمبر " الفاتح " 1992 .

25- ليلى شرف : موقف الاردن من الازمة ، مجلة المستقبل العربي 148(6)1991.

26- محمد عبد الله محمد : الحدود السياسية كأحد مقومات الدولة ، مجلة الدبلوماسي ، العدد 9 ، 1987 .

27- محمد أبو الفضل : النزاع بين قطر والبحرين ، مجلة السياسة الدولية ، العدد 111 / 1993 .

28- محمد جواد رضا : المخاض الطويل من القبيلة الى الدولة مجلة المستقبل العربي العدد 154 (2) 1991 .

29- مخلص أحمد عبد الغني : البعد السياسي والاجتماعي العربي للأزمة ، مجلة السياسة الدولية ، عدد 103/ 1 / 1991 .

30- محمد صبحي : الحدود والموارد الاقتصادية ، مجلة السياسة الدولية ، عدد /111 1993 .

31- محمد علي الداود ، العلاقات البرتغالية مع الليج العربي (١٥٠٧–١٦٥٠) مجلة

كلية الاداب (جامعة بغداد العدد ٢/١٩٦١)

32- محمد مصطفى شحاتة : الحدود السعودية مع دول الخليج العربي ، مجلة السياسة الدولية ، العدد 111 / يناير 1993 .

33- محمد جابر الأنصاري " وآخرون " : النزاعات الأهلية العربية ، العوامل الداخلية والخارجية ، بيروت ، مركز دراسات الوحدة العربية ، 1997 .

34- مراد ابراهيم الدسوقي : البعد العسكري للنزاعات العربية -العربية ، مجلة السياسة الدولية ، العدد 111 / 1993 .

٣٥- ناصيف حقي : الخلفيات السياسية لمحاولات تعديل ميثاق جامعة الدول العربية ، مجلة المستقبل العربي ، العدد 164(8) 1993.

٣٦- ناظم عبد الواحد الجاسور : دور جامعة الدول العربية في تعزيز العمل القومي المشترك ، ندوة النظام السياسي العربي ، بيروت ، 28 – 29 ابريل 2000 .

٣٧- ندوة ازمة الخليج وتداعياتها على الوطن العربي ، القاهرة 22-21 أبريل1991.

٣٨- ناظم عبد الواحد الجاسور : مؤتمر القمة الاسلامية في طهران ، وحدة العمل العربي المشترك ، مجلة المستقبل العربي ، العدد 225 (11) 1997 .

الاطاريح :

– اروى هاشم عبد الحسين ، مشكلات الحدود العربية -العربية في منطقة الخليج العربي ، اطروحة ماجستير غير منشورة /كلية العلوم السياسيه /جامعة بغداد ، ١٩٩٦.

جـ-الدوريات العربية :

1- القدس العربي / لندن

2- اللواء البيروتية .

3- بابل البغدادية

4- صحيفة الخليج /الشارقة .

5- صحيفة النهار / بيروت .

6- صحيفة أخبار الخليج / المنامة .

7- صحيفة الحياة / لندن .

8- مجلة المستقبل العربي ،بيروت

9- مجلة السياسة الدولية / القاهرة .

10- مجلة العربي / الكويت .

11- مجلة شؤون الأوسط / بيروت.

١٢- القبس الكويتية .

١٣- الاتحاد الاماراتية .

المراجع الأجنبية :

1-Samuel Van Valkenburg , Elements of Political Geography , Prentice ,
    New York , 1944 .

2-Lyde L.W. Types of Political Prontiers in Europe the Royal
    Geographical Society , London , vol , XIV , 1915 .

3-Boggs , S. W : International Boundaries , A.M.S. , New York , 1966 .

4-Roger , E . Kasperson , Julian V . Uinghi , The Structure of Political
    Geography , Aidine Publishing Company , Chicago , 1971 .

5-International Court of Justice , Year Book , 1993 - 1994 . No. 43 .

6-J.B. Kelly , Arabia , The Gulf and the West , London , 1980 .

7-Jean Pierre Cot , International Condition , Europe Publication ,
    London , 1972 .

8-Manskelsen , Principles of International Low , Third Printing New
    York , 1959 .

9-Alan James , The United Nations and Frontier Disputes in
    International Regulation , London , 1970 .

10-Stephen M. Schwebel , International Arbitration Crotius Publication
    Limited , London , 1987 .

11-Mohamed Al-Rumaihi " Arabia Gulf Security American arab Affairs
    No , 23 , 1987 .

12-Liesl Graz The Turbulent Gulf (London , New York) , Martin press
    , 1990 ,

13- Giddel , "le droit international de la mer , chateaurou , T3 , 1982,
    p.13.

14- Royaume du Maroc , Ministere d'Etat change des Affaires
    Etrangeres .